O QUE OS OLHOS NÃO VEEM, MAS O CORAÇÃO SENTE

21 dias para se conectar com você mesmo

Fred Elboni

Edição: Clarissa Oliveira e Nana Vaz de Castro

Dados Internacionais de Catalogação na Publicação (CIP)
(Câmara Brasileira do Livro, SP, Brasil)

Elboni, Fred
O que os olhos não veem, mas o coração sente : 21 dias para se conectar com você mesmo / Fred Elboni. -- 1. ed. -- Blumenau, SC : EOH, 2020.

ISBN 978-65-993247-0-3

1. Autoconhecimento 2. Autoajuda 3. Felicidade 4. Vulnerabilidade humana I. Título.

20-52097 CDD-158

Índices para catálogo sistemático:

1. Autoajuda : Felicidade : Psicologia aplicada 158

Aline Graziele Benitez - Bibliotecária - CRB-1/3129

Para você que quer abraçar sua intimidade

[Sumário]

[Introdução]

Nessas últimas semanas, por conta da pandemia do novo coronavírus, estou em companhia apenas da minha solidão, ensaiando longos diálogos com as minhas memórias. Resolvi tirá-las das gavetas empoeiradas e colocá-las uma a uma sobre a mesa da sala. Uma mesa pequena, diga-se de passagem; não gostaria que vocês imaginassem uma mesa enorme, com muitas cadeiras e um triste vaso colorido no meio. Imaginem um pedaço da realidade: uma simples mesinha de centro. Senti que deveria olhar nos olhos das minhas lembranças e ouvir o que elas têm a me dizer neste momento de tanto silêncio e reflexão.

Terminei de escrever este livro uma semana antes de decretarem o isolamento social em São Paulo. Confesso que, antes de fazer esta introdução à luz dos novos acontecimentos, fiquei em dúvida se deveria mencionar a pandemia, se era relevante, já que o livro foi escrito antes de ela acontecer e será lido depois de sua fase mais intensa, mas segui minha intuição e resolvi deixar aqui registrado e marcado como ferro quente. Estamos vivendo um grande acontecimento, algo que para muitos de nós, sensíveis e reflexivos, trará uma enorme mudança na maneira de ver a vida.

Neste período tão sofrido e conturbado, precisei encarar meus maiores medos, mas também me deparei com a assustadora capacidade que alguns humanos têm de dessensibilizar e politizar um evento tão triste. Tive encontros fantásticos e questionadores com as várias versões de mim mesmo. O distanciamento de outras pessoas e de situações que antes nos distraíam agora nos obriga a refletir e a lidar com quem somos de verdade. E, convenhamos, não é fácil lidar com a nossa presença sem fugas ou refúgios da rotina. Mas o que podemos aprender sobre nós enquanto o tempo custa a passar?

Eu, que sempre procurei me questionar sobre tudo e me deixar levar às profundezas do autoconhecimento, hoje, sem válvulas de escape, estou aprendendo a voltar minha atenção a questionamentos mais saudáveis. Refletir é libertador, mas a reflexão excessiva pode transformar liberdade em aprisionamento.

Enquanto escrevo e coloco meus sentimentos no papel, o mundo está em quarentena, aguardando o tempo necessário para que as pessoas na linha de frente (médicos, enfermeiros, trabalhadores de serviços essenciais) possam instaurar a paz novamente. Eles lutam por nós e eu me questiono: será que estamos conseguindo lutar por nós mesmos?

Depois de quase uma dezena de livros publicados, sentado na comodidade da minha casa e com roupas que são sinônimo de aconchego, me acostumei com a sensação de poder escrever como se estivesse conversando com você. Assim, me sinto menos sozinho e levemente mais interessante. E, entre os prazeres simples da vida – como se sentir confortável, tomar uma bebida quente e agradável e não precisar olhar para o relógio –, admito que um deles é sentir a paz que me invade ao conectar a minha solidão à sua. Estamos ambos a sós, em tempos diferentes, em espaços diferentes, mas cada um solitário à sua maneira, você lendo e eu escrevendo, cada um habitando sua própria realidade.

Dividir o que sinto com as pessoas que me leem é uma dádiva, mas ao mesmo tempo um processo complicado. Não é fácil colocar em palavras o que se passa dentro da gente e deixar que o mundo conheça nossos pensamentos mais íntimos. É um exercício de aceitação, de libertação diária dos olhares carregados de julgamento. Mas são tantos prazeres, alegrias, aprendizados e conexões bonitas que surgem disso que as dificuldades vão se tornando pequenas diante das vantagens da liberdade emocional. Permitir que o coração seja livre para contar suas histórias sem censurá-las ou colocá-las em caixinhas, aceitando-as como são, traz cor para as relações humanas, para a maneira como enxergamos a vida e até mesmo para o modo como lidamos com os momentos difíceis e com a solidão.

Escrevi este livro como um mergulho em mim mesmo. São reflexões sobre diversos pensamentos e emoções que permeiam a alma humana, mas também um convite para que você faça o mesmo, junto comigo. Organizei-o da seguinte forma: escolhi 21 temas sobre a vida interior que considero relevantes e que merecem nossa atenção. Para cada tema, abro meu coração em minicrônicas, compartilhando o que brota lá de dentro em termos de imagens, memórias e sentimentos. Depois, inicio uma conversa aberta sobre o assunto, com base em minhas reflexões e leituras. Em seguida, ofereço uma proposta de exercício, para que você seja sincero consigo mesmo e experimente colocar no papel o que pensa e sente.

Embora a ordem dos temas não siga nenhuma lógica específica, a quantidade de textos e exercícios tem uma razão especial. A sugestão é que você percorra cada bloco em um dia, lendo-o e fazendo o exercício correspondente, ao longo de três semanas. Quando você chegar ao fim do livro, terá dado um belo mergulho dentro de si mesmo, e isso pode fazer toda a diferença em sua vida, segundo a Teoria dos 21 dias. Neurocientistas e pesquisadores sugeriram que esse é o tempo que o cérebro demora para se adaptar a uma mudança ou para adquirir um hábito. Mesmo que você não consiga completar a leitura em três semanas, espero que aproveite cada bloco, retornando ao livro sempre que precisar.

Quero ressaltar que não sou psicólogo, psiquiatra nem especialista em comportamento humano, mas apenas um observador com acesso a muitas pessoas e, por isso, a muitas impressões e questionamentos sobre esses temas. Portanto, minha ideia aqui não é propor verdades absolutas, diagnósticos ou tratamentos, e sim incentivar reflexões que podem ajudar no seu autoconhecimento, porque me ajudam no meu. Escolhi encerrar cada tema com uma frase ou um poema de alguém de destaque; alguém que já tenha refletido sobre o assunto e que possa nos inspirar a protagonizar nossas próprias descobertas.

Abrir-se para os próprios sentimentos é um exercício lindo e saudável que ajuda a viver com mais leveza e verdade. Assim como eu, fique à vontade, escolha o cantinho mais aconchegante da casa e use as roupas mais confortáveis possíveis – não importa se estão velhas ou furadas; ninguém aqui vai julgar você. Mas precisamos combinar que você também não vai se julgar, certo? Acredite: os maiores julgamentos sobre nós em geral vêm de nós mesmos. E se, em algum momento, ao colocar suas palavras neste livro, os julgamentos brotarem de pensamentos sombrios, questione-se: "Por que estou me julgando?", "O que eu tenho medo de descobrir sobre mim?", "Por que não me aceito como sou, sem tentar automaticamente me sentir aceito pelos outros?", "Por que me cobro tanto para ser algo que não sou?".

Ao expressar seus sentimentos, sensações e emoções, acredito que, assim como eu, você viverá momentos felizes e também momentos tristes, além de descobrir muito sobre si mesmo. Mas, para este livro fazer sentido e cumprir seu papel, preciso que você se abra por completo, revelando seu eu e se esquivando das verdades prontas e absolutas que servem como uma máscara que você mesmo criou para se proteger ou se disfarçar perante o mundo.

Aprender a se enxergar como a pessoa maravilhosa, complexa e linda que você realmente é não tem preço. Não se preocupe, demore quanto precisar para digerir tudo, temos todo o tempo do mundo. Meu café acabou; talvez seja um sinal para fazer uma pausa. Vou trocar de roupa e passar a tarefa de continuar a escrita para o meu eu de amanhã. Espero que ele seja uma boa companhia. Espero também que você aceite o meu convite e embarque comigo nesta viagem de vulnerabilidade e autoconhecimento. Dessa maneira, o livro deixará de ser só meu e passará a ser seu também, como um diário íntimo em que você registra o que há no seu interior, como um presente precioso para si mesmo.

Como eu disse, não é uma travessia fácil, mas o fim da jornada compensa, ensina e liberta muito.

1

[Autenticidade]

Ser autêntico é um delírio, uma dor, uma flor que brota num pântano e ganha vida com o tempo. É uma pétala lisa, para um caule áspero. É se abrir ao mundo, faça chuva ou faça sol, e aceitar os ciclos do crescer e do adeus. É um olhar para as estrelas, enquanto os lobos seguem os nossos rastros. Não é sobre afirmação, mas sobre uma busca constante pela verdade. É sobre encontrar a sua bússola interna e deixar que ela seja um guia em tempos de tempestade e de mares serenos. A verdade é que sou aquilo que minha autenticidade me permite ser. Me perco em confusões que me consomem pouco a pouco. Sou verdade, por mais que ela doa. Sou loucura, por mais que eu tenha que fingir que sou livre. Sou intenso, por mais que no dia a dia use palavras como "equilíbrio". Sou o que nem sei que sou, mas que, aos tropeços, descubro. Sou e admito ser, por mais que eu não saiba tudo o que sou.

A autenticidade é um dos valores que mais norteiam a minha vida. Não estou falando daquela autenticidade que tem a ver com roupa, corte de cabelo ou demonstrações públicas de originalidade e ousadia. Ser autêntico vai muito além da nossa forma de nos apresentar ao mundo. Não é preciso ser diferente para ser autêntico.

Quando falo em autenticidade, me refiro à coragem de ser nós mesmos – e, antes disso, embarcar na complicada (e às vezes dolorosa) busca para descobrir "quem sou eu" – num mundo repleto de regras, rótulos, repressões e recompensas para nos tornarmos pessoas que os outros desejam que sejamos, e não quem realmente somos.

Somos indivíduos que fazem parte de um todo. De uma família. De uma comunidade. De um país. De uma ou várias tribos, dependendo de nossa profissão, nossos hobbies, nossos sonhos e nossas aspirações. Acumulamos crenças, valores e comportamentos ao longo da vida, até estarmos tão carregados deles que não sabemos bem o que devemos levar conosco para a vida e o que pode ser descartado ou deixado de lado. Às vezes, a bagagem de crenças, deveres e valores se torna tão pesada que não conseguimos mais andar, muito menos definir para onde vamos. O compromisso com a autenticidade, portanto, significa nos libertarmos daquilo que não nos serve e ficarmos leves e em paz com o que escolhemos para nós.

Alguns dos maiores poetas, escritores e pensadores da humanidade se debruçaram sobre esse assunto. Oscar Wilde nos adverte: "Seja você mesmo, porque todos os outros papéis já estão tomados." Shakespeare, filosofando através de Hamlet, perguntou: "Ser ou não ser?" Na mesma peça, outro personagem diz: "Sobretudo, seja fiel a si mesmo." E, muitos séculos antes deles, Sócrates propôs: "Conhece-te a ti mesmo." Não me espanta que essas frases tenham sobrevivido à maldade e ao teste do tempo. Aparentemente, ser nós mesmos nunca foi uma tarefa fácil.

Pessoalmente, levo muito a sério o processo de autoconhecimento, porque tenho muitos sonhos, muita curiosidade sobre o mundo à minha volta, e também carrego dores, medos e dúvidas. Exploro esses territórios como se fossem uma terra estranha. Assim como gosto de viajar e conhecer não só os pontos turísticos como também aquele bar escondido que os moradores locais amam, aquela ruela que não está no guia, eu também quero me conhecer desta forma: aberto ao inédito. Nem sempre encontro coisas bonitas, mas nunca canso de aprender e de me surpreender com os mundos que encontro em mim.

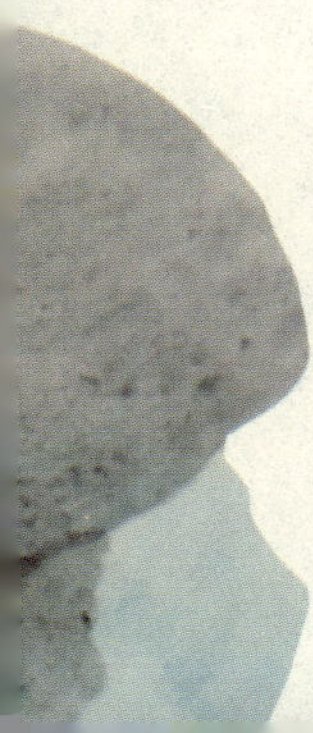

Sem parar para pensar muito, escreva seus valores mais preciosos, seus sonhos mais íntimos e os detalhes singulares que fazem você ser quem você é.

A autenticidade aflora de um processo de autoconhecimento que pode começar em qualquer momento da vida e não tem prazo para acabar.

O que você poderia fazer para se conhecer melhor?

"O PRIVILÉGIO DE UMA VIDA É SE TORNAR QUEM VOCÊ REALMENTE É."

Carl Gustav Jung

2

[Aparências]

Pense numa história de amor nascida de um encontro intenso; aquela euforia que não se pode explicar, beijos ardentes e relógios que insistem em correr as horas de forma injusta. Às vezes há tristezas, até tragédias. Mas sempre existe um olhar que passa correndo pela superfície em direção à oportunidade de uma conexão profunda com o outro.

A alma implora por profundidade, beijos intermináveis e sinceros, enquanto o ego se contenta com papos-furados e orgasmos fingidos. As aparências contam histórias rasas demais para a gente se apaixonar. Intimidade e verdade não sobrevivem no raso; são organismos vivos que conhecem a beleza das profundezas, por isso não se contentam com relações que teimam em se molhar só até os joelhos. Elas precisam mergulhar em águas profundas para se manter vivas e reluzentes.

Quem valoriza apenas as aparências perde o sabor único do profundo e a oportunidade de mergulhar em sentimentos que não ousam habitar o raso.

Quando falo em aparências, não me refiro apenas ao aspecto físico de uma pessoa: o rosto, o corpo, as roupas, etc. Estou tratando do personagem completo, que inclui sua profissão, sua família de origem, sua maneira de usar as palavras e de se apresentar ao mundo. Aparência é o que está na superfície, seja na pele, seja na conversa.

Todos nós interpretamos um personagem, que pode ser rígido como uma máscara ou variável como um camaleão, adaptando-se de acordo com o ambiente ou a fase da vida. Assim como no teatro ou no cinema, quando somos apresentados a um personagem, registramos tudo em questão de segundos: o rosto, o corpo, a roupa, o jeito de andar, o olhar, os trejeitos, o timbre de voz, o sotaque, a fala. Tudo é captado pelo cérebro e transformado em uma impressão carregada de pensamentos, emoções e expectativas.

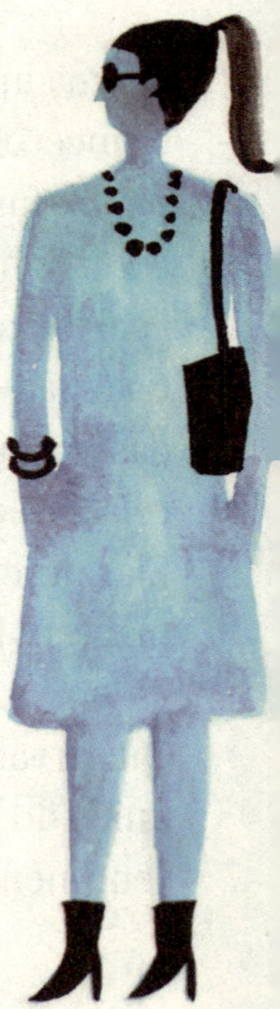

Que fique claro: não estou falando de falsidade, mas de superfície. Nosso personagem pode ser um excelente representante de quem somos, mas não deixa de ser uma fachada. Por trás do que vemos e do que queremos que seja visto, há um mundo vasto e complexo que também faz parte de nós, do que somos. Um mundo de luz e sombras, incoerências e contradições, desejos, medos e emoções para os quais não temos palavras. Nossa aparência é só a ponta do iceberg.

Não há nada de errado em se encantar pelas aparências. A simetria de um rosto, a beleza de um sorriso, o enigma de um olhar, uma fala inteligente, uma profissão interessante, um porte confiante, uma expressão curiosa, um ar de mistério, uma forma de pensar com a qual nos identificamos, um cheiro inebriante. Nossos sentidos são atraídos pela beleza, por personalidades marcantes, por marcos de liderança e presença. De acordo com os antropólogos, isso é universal – embora, claro, cada cultura tenha seu ideal de beleza e seus símbolos de status. Por trás dessa atração estão a seleção natural (beleza) e a garantia de recursos para cuidar da prole e sobreviver (status e pertencimento social).

Por isso, faz sentido que muitos gastem tanto tempo, dinheiro e energia para tornar a aparência mais atraente. Malhamos e compramos roupas caras, acessórios e gadgets que demonstrem nosso poder aquisitivo (status). Também nos esforçamos para sermos aceitos e admirados, seja pelo emprego que temos, pelos hobbies que cultivamos, pelos livros que lemos, pelas séries que vemos, etc.

Mas será que nossa vida se resume a isso? Acredito que não, isso seria pragmático demais para nós, humanos. Essa visão utilitária ignora o fato de termos uma alma que anseia por conexão, propósito, histórias verdadeiras. Não somos pura racionalidade; nossos desejos e escolhas nem sempre são sensatos. Sentimos atração pelo perigo e pelo sombrio: tragédias, aventuras, contradições, loucuras, riscos. Quando temos contato com algo que nos transporta para um universo de intimidade, fica difícil desejar somente a fachada.

O importante não é rejeitar a beleza nem as experiências que estão na superfície, mas dar liberdade à alma para podermos ser o que realmente somos, por inteiro. Para além do que os olhos enxergam, há algo lindo demais para não ser vivido em tempo integral.

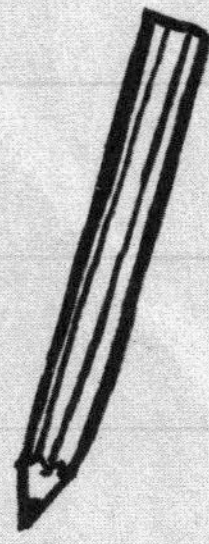

Pense em algo que seja lindo por fora,
mas que só sirva para ser olhado.

Desenhe abaixo ou escreva sobre isso.

Agora pense no contrário: coisas que são desinteressantes na superfície, por fora, porém revelam experiências incríveis no seu interior.

Desenhe-as ou escreva sobre elas.

Obs.: Talvez você não se ache capaz de desenhar, mas que tal exercitar o seu lado artístico? Arrisque!

"A SUPERFÍCIE
DAS COISAS
TRAZ DIVERSÃO;
O INTERIOR
DELAS TRAZ VIDA".

Piet Mondrian

3

[Comparação]

Olhe com calma para o seu jardim e repare: como ele cresceu! Observe como ele muda de cor, com suas folhagens assumindo variados tons de verde, compondo a paisagem com galhos secos e brotos novos; veja como algumas flores são exuberantes, enquanto outras são tímidas.

Mas, por favor, não o compare com outros jardins. Suas flores passaram por tempestades singulares, cresceram num solo único, desabrocharam no seu tempo. Não seja injusto com o que é seu por natureza. Aceite que as folhas caem como um reflexo de seu próprio crescimento e que os espinhos que nasceram de suas flores fazem parte de você.

Cada um tem seu jardim e suas memórias. Observe seus girassóis procurarem o sol, suas rosas ganharem brilho dia após dia e suas orquídeas florescerem no tempo necessário para se tornarem fortes. Aceite o tempo de florescer do seu próprio jardim.

Mas a sua prima...

Desde o dia em que nascemos, somos comparados aos outros. Somos mais parecidos com o nosso pai ou com a nossa mãe? Mais calmos ou mais bagunceiros que a irmã ou o primo? Aprendemos a andar antes ou depois do filho da vizinha? Na escola, somos mais ou menos inteligentes, atléticos, bonitos, sociáveis...? A lista de características dignas de comparação só aumenta com o tempo e permeia todas as esferas da vida.

Por um lado, isso é inevitável, porque existimos em sociedade, operamos na coletividade. Como posso saber se sou legal, se não me comparo com a minha definição de uma pessoa legal? A gente só existe como se imagina (legal, engraçado, chato, inteligente, ansioso) porque tem outras pessoas como referencial. O problema é quando a comparação deixa de ser uma ferramenta de autoconsciência e passa a ser uma atitude que nos aprisiona e nos faz sofrer. Se não tivermos cuidado, a mania de nos compararmos com os outros passa a ser uma forma muito cruel de definir o nosso valor na sociedade.

Com o tempo, internalizamos não só os rótulos que colocaram em nós como também a prática de ficar nos comparando com todo mundo a qualquer momento. Fazemos isso com marcadores externos de sucesso (corpo, dinheiro, vida social) e com assuntos muito mais íntimos e importantes (sonhos, relacionamentos, felicidade).

É possível que sejamos a geração que mais sofre com isso, porque a internet possibilita comparações sem fim, em um leque cada vez mais amplo, nos cantos mais remotos do planeta. Sem contar todos os personagens históricos e ficcionais, de livros, filmes e séries que consumimos. As oportunidades de nos medir em relação ao outro são, aparentemente, infinitas.

Em geral, usamos a comparação para nos sentirmos mal, como se isso nos motivasse a melhorar ou nos punisse por nossas falhas. Mas comparar as nossas mágoas mais íntimas com as alegrias expostas dos outros é uma punição descabida, uma atitude cruel com tudo que construímos com nossas próprias mãos. Não importa se erramos ou falhamos, se deixamos a desejar ou deixamos a oportunidade passar, não mudaremos o desfecho dos acontecimentos nos comparando com quem fez ou teria feito diferente.

Às vezes, sem nos darmos conta, esse hábito nos leva a uma espiral de negatividade e vamos parar num poço muito profundo. No fundo desse poço, vemos o reflexo de uma pessoa que não é suficientemente bonita/ bem-sucedida/_______ (preencha com o adjetivo da sua escolha), porque não é como Fulana ou como ela própria era num outro momento da vida. Como se não bastasse, além de nos compararmos com modelos, famosos, amigos e inimigos, também nos comparamos com o nosso "eu" do passado!

Ocasionalmente, também usamos a comparação para nos sentirmos melhor. Não sabemos por que uma pessoa é de tal jeito (que menosprezamos) ou agiu de tal forma (que consideramos errada), mas uma coisa é certa: julgá-la traz uma sensação reconfortante de superioridade. Falo daquele leve prazer que sentimos quando criticamos e julgamos alguém que consideramos, por qualquer motivo (moral, estético, social), inferior a nós. Mas, antes de se sentir culpado por essa atitude nada louvável, pense: se a maioria de nós faz isso em algum momento, é porque o ser humano não sabe se valorizar sem comparar.

A prática de medir nosso valor por meio de comparações é um hábito cultivado durante toda a vida. É natural, porém não se trata de algo positivo. Cada minuto passado numa comparação – boa ou ruim, para nos punir ou nos confortar – rouba uma energia que poderíamos direcionar para atividades mais importantes e interessantes. Por isso, vale a pena se precaver contra esse ladrão de felicidade e não permitir que ele leve o que você tem de maior valor: sua capacidade de (se) amar.

Veja esta lista de atividades que podem ser feitas em cinco minutos ou menos. Quais delas fazem você se sentir bem?

ORGANIZAR ALGO
OLHAR A NATUREZA
MASSAGEAR A NUCA
ESCREVER
RELEMBRAR UM DIA FELIZ
DAR UM PASSEIO
DESENHAR
SONHAR COM UMA VIAGEM
DANÇAR
RASGAR PAPEL
BATUCAR
REZAR
CONVERSAR COM UM AMIGO
TOMAR UM CAFÉ
ALONGAR OS MÚSCULOS
DAR RISADA
ESCUTAR UMA CANÇÃO
TOMAR UM BANHO RELAXANTE
LER UM POEMA
MEDITAR
COMER UM DOCINHO
CANTAR

Na próxima vez em que você perceber que está gastando energia com comparações inúteis, pense como prefere passar os próximos cinco minutos: comparando-se com alguém ou fazendo alguma dessas atividades?

"SEGUE O TEU DESTINO,
REGA AS TUAS PLANTAS,
AMA AS TUAS ROSAS.
O RESTO É A SOMBRA
DE ÁRVORES ALHEIAS."

Fernando Pessoa

4

[Autocompaixão]

Por que me puno tanto por tomar decisões, se depois elas se mostram certas? Por que me julgo cruel por ter atitudes que eu sei que vão me fazer bem? Por que me boicoto em ocasiões que são lindas oportunidades de amadurecer?

Esses foram questionamentos que me fiz antes de dormir, em um diálogo que só aconteceu na minha cabeça. Adormeci com a imagem de um enorme e severo juiz, e ele tinha o meu rosto.

Naquela noite, tentei compreender como conseguia perdoar os outros com mais facilidade do que perdoava a mim mesmo. Observei como, muitas vezes, a punição que eu me impunha era maior do que o próprio delito. Seria essa a maior injustiça que podemos cometer contra nós mesmos? Dizer que amamos os outros, mas nem sequer tirarmos um tempo para nos amar? Por que temos um olhar tão condescendente com os outros enquanto somos tão críticos com nós mesmos? Na escuridão do quarto, essas perguntas surgiram como uma fresta de luz pela janela.

Muitas vezes me perdi em culpas que nunca foram minhas. Me coloquei em situações naufragadas por um mar de empatia com o outro, mas sem uma gota de compaixão por mim mesmo. Por outro lado, se o olhar empático para o mundo é tão necessário, por que o mesmo olhar voltado para si não seria? Se eu pudesse sorrir para mim da forma como sorrio para os outros, se eu pudesse dar a mim mesmo o carinho que dou aos outros, se eu pudesse ser comigo o que tanto insisto em ser para os outros, talvez conseguisse dormir sem me punir tanto por tomar decisões necessárias.

No meu livro *Coragem é agir com o coração*, falei brevemente sobre a autocompaixão, mas talvez eu não tenha dado a ela o devido destaque. Porque a verdade é que, sem uma relação carinhosa consigo mesmo, fica muito complicado exercitar qualquer outra virtude. A autocompaixão é o que alimenta a reserva interna de onde tiramos coragem, gentileza e empatia. Afinal, não podemos compartilhar ou promover o que não temos – pelo menos não sem que isso nos faça muito mal, ainda que a longo prazo. É por isso que, nos vídeos de segurança aérea, recomendam que coloquemos a máscara de oxigênio primeiro em nós mesmos em caso de descompressão da aeronave.

Mas o que é autocompaixão? É estender a si mesmo o carinho, a escuta e a compreensão que você costuma reservar às pessoas mais importantes da sua vida. É se aceitar do jeito que você é, mesmo que esteja em busca de melhorar, evoluir e atingir metas. É se tratar com respeito – em corpo, mente e espírito. É entender que os acontecimentos da vida já são difíceis, estressantes e injustos o suficiente para você ficar se julgando, se punindo e dizendo: "Não mereço nada melhor", "Não sou bom o bastante", "Não presto pra nada".

Autocompaixão é ser para si mesmo a melhor mãe, o melhor pai, o melhor professor, o melhor amigo. Procure se aceitar e se amar incondicionalmente. Experimente se incentivar a ousar e a crescer como um pai amoroso faria. Seja paciente e, como um bom professor, acredite na sua capacidade de mudança, de evolução. Esteja presente e, como o seu melhor amigo, programe-se para momentos divertidos, leves, mas também profundos e transformadores.

É importante não confundir autocompaixão com autoestima. Segundo a psicóloga Kristin Neff, a autocompaixão tem raízes budistas, portanto é fundamentada na ideia de que somos seres propensos ao apego a pensamentos e projeções que nos fazem sofrer. Em contrapartida, ela diz que a autoestima é algo mais cultivado no Ocidente e tem relação direta com o julgamento: como estimamos o nosso valor (em comparação

com os outros). Exercitar o amor-próprio não significa se achar melhor ou mais importante do que ninguém; é aceitar-se incondicionalmente, com falhas e tudo, e evitar o julgamento.

Outro equívoco comum é achar que praticar a autocompaixão significa sentir-se bem toda hora e só fazer o que bem entender. O verdadeiro amor-próprio não é hedonista nem simplista; achar que é preciso estar sempre positivo e feliz não é uma atitude de quem está bem consigo mesmo. Muito pelo contrário, na verdade. Quando temos compaixão por nós mesmos, aceitamos tanto os altos quanto os baixos da vida. Não tememos as sombras, as tristezas, as imperfeições. Temos coragem de encará-las, porque sabemos que somos mais do que isso; somos complexos, imperfeitos, incoerentes e loucos. Somos nós mesmos.

Pense numa pessoa querida. Desenhe um buquê de flores em que cada flor represente algo que você faz ou faria por ela.

Você daria esse buquê a si mesmo? Por quê?

"RESPIREI FUNDO E
OUVI A BATIDA
OBSTINADA DO
MEU CORAÇÃO.
EU SOU,
EU SOU,
EU SOU."

Sylvia Plath

5

[Medo da rejeição]

Nasci com uma ansiedade crônica, uma sensação de que o mundo, a qualquer instante, pode me rejeitar. Como se as pessoas estivessem esperando uma oportunidade para me dizer que não sou bem-vindo. Eu me lembro de ocasiões em que tive uma enorme vontade de fazer convites sinceros a paixões avassaladoras, mas não fiz pois imaginava que nunca seria correspondido. Deixei de contar histórias bonitas por medo de não receber olhares atentos de volta. Não compartilhei ideias com receio de serem negadas, sem direito a defesa. Por medo de uma rejeição imaginária, sem justificativa, me coloquei em uma prisão que eu mesmo criei.

Demorei para perceber e aceitar que me aprisionei no meu silêncio para tentar me proteger das possíveis rejeições do mundo, mas, dentro daquela jaula ilusória e silenciosa, quem estava me rejeitando era eu mesmo. É como se, com medo de ser empurrado de um precipício diretamente para as profundezas do mar, eu me jogasse antes para me "proteger". Mas quem disse que alguém realmente iria me jogar no mar? O meu medo disse, foi ele...

O que nos protege do exterior é também o que nos impossibilita acessá-lo. Se o medo da rejeição nos impede de enfiar os pés no mar para sentir a temperatura da água, como vamos nos recordar da delícia que é um mergulho que lava a alma? Talvez eu precise aceitar que o medo da rejeição é um algoz ainda pior do que a dor da rejeição. Já fui rejeitado algumas vezes, mas com muito mais frequência tive medo de ser.

É fato: o medo da rejeição nos aprisiona em uma vida menor, mais restrita, do que a vida que desejamos e merecemos. Por isso, para ser feliz nessa caminhada, é imprescindível não só aprender a se amar mais e a se aceitar como também a abrir o portão da prisão imaginária formada pelos nossos medos e ser livres.

Mas como?

Sugiro começar pensando na biologia evolutiva, porque conhecimento sempre traz clareza. Assim como o médico precisa entender a origem do sintoma para curar a doença, acho útil ter uma noção da origem do nosso medo da rejeição para então encontrar um "tratamento" eficaz. De maneira geral, o medo é uma emoção protetora; se não sentíssemos medo, iríamos nos expor a perigos que poderiam colocar nossa vida em risco.

Mas por que temos medo da rejeição? Porque somos seres sociais; nossa sobrevivência depende do coletivo. Biologicamente, ser rejeitado significa estar condenado a andar sozinho, o que é perigoso. Por isso, buscar a aceitação do grupo é tão importante. Por outro lado, não vivemos mais nas savanas da África; as consequências de não ser aceito hoje não carregam o peso que carregavam antigamente. Temos a sorte de viver numa sociedade progressista e complexa, com várias "tribos" que coexistem em relativa paz e sintonia.

De certa forma, você pode respirar aliviado: querer ser aceito não faz de você uma pessoa fraca ou inferior. É natural querer a aprovação de quem amamos, de nossos pares e familiares. O medo da rejeição e do julgamento alheio é universal.

No entanto, isso não significa que devemos nos curvar ao julgamento dos outros e deixar de lado a árdua tarefa de questionar, enfrentar e superar nossos medos. Aliás, muito pelo contrário. Sabe aquela frase que diz que a magia acontece fora da nossa zona de conforto? É a mais pura verdade. Porque a vida isenta de riscos, e de medo, é uma vida confinada a quatro paredes.

Cada pessoa encontra a sua forma única de suportar os riscos inerentes a uma vida que valha a pena viver. No meu caso, como já contei no livro *Coragem é agir com o coração*, resolvi encarar o medo da rejeição com um simples ato de coragem: sorrir para estranhos. Fui superando a timidez, domando os monstros da ansiedade, escrevendo, me fazendo ouvir. Não foi fácil controlar a insegurança, a ansiedade e a imaginação que me leva a lugares belos porém assustadores. Mas fiz mesmo assim, em nome dos meus sonhos e da minha vontade de me conectar com as pessoas.

Comecei com algo pequeno, que representava um risco irrisório. Outras pessoas são mais ousadas. O que funcionará para você, eu sinceramente não ouso dizer. Só posso afirmar que vale a pena encontrar uma forma de domar o medo e sair em busca de suas conquistas, sejam elas quais forem.

Por isso, lanço aqui a pergunta: que medos malucos você fantasiou e continua aceitando como se fossem verdade? Aposto que, assim como aconteceu comigo, há uma série de rejeições que sua imaginação deu como certas sem sequer ter ouvido a voz dos interlocutores. Deve haver também um acervo de perguntas que você nunca ousou fazer e de passos que nunca ousou dar. Talvez esses passos levem para a porta da prisão e as perguntas façam você descobrir que a chave da cela não está no bolso de nenhum algoz, mas dentro da sua própria cabeça.

Escreva abaixo três coisas que você gostaria de fazer, mas que ainda não fez por medo da reação de seus amigos e/ou parentes.

1.

2.

3.

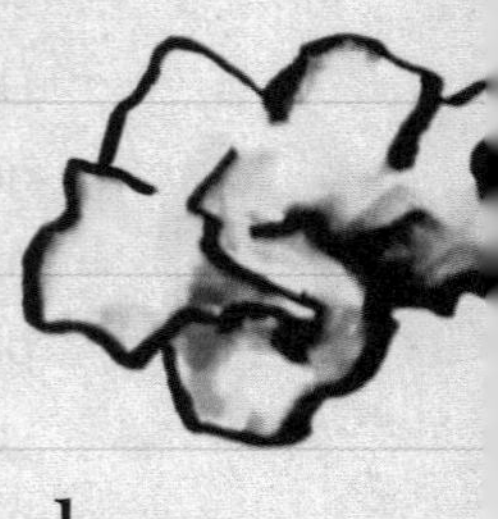

Em uma folha de papel, escreva o que você acha que as pessoas pensariam, falariam ou fariam contra você.

Agora rasgue o papel em pedacinhos e jogue-o no lixo.

"A ÚNICA PESSOA LIVRE É AQUELA QUE NÃO TEM MEDO DO RIDÍCULO."

Luis Fernando Verissimo

6

[Perfeccionismo]

Meus maiores amores nunca foram perfeitos, e eu os amei como se não houvesse amanhã. Minhas melhores viagens não foram perfeitas, e os contratempos que experimentei só tornaram as lembranças mais especiais. Minha família está longe de ser perfeita, mas tem uma essência tão linda e verdadeira que eu nunca tive dúvida de ser amado. Esperar que as pessoas sejam perfeitas é uma cobrança injusta e uma negação de quem realmente são. Se as melhores coisas e situações da minha vida são imperfeitas, por que eu deveria tentar mudar isso?

Acreditar que existe uma perfeição a ser alcançada e se cobrar constantemente por isso é pedir para sofrer em busca de uma ilusão. A vida sempre acontece na sua melhor forma quando aceitamos o inédito; quando decidimos tirar alguém para dançar, mesmo sem nunca ter parado para treinar os passos na frente do espelho; quando damos o primeiro beijo sem conhecer os movimentos que a língua pede; quando entregamos ao mundo algo que fizemos com todo o amor e delicadeza sem saber se nossa obra será acolhida ou destruída. Ser feliz é muito mais sobre aceitar as imperfeições do que sobre buscar a perfeição.

Ao contrário do que muitos imaginam, perfeccionismo não é sinônimo de excelência. É um problema que faz sofrer, que limita a vida e nos afasta das pessoas. Você pode buscar sempre fazer o melhor, se esforçar para entregar um trabalho de qualidade, cumprir ou superar suas metas e se empenhar para alcançar os objetivos sem ser um perfeccionista. Aliás, ter um padrão elevado de qualidade é maravilhoso e benéfico para toda a sociedade. Ser perfeccionista, por outro lado, é exigir nada menos do que o ideal; isto é, significa não aceitar o real, inclusive quando é "quase perfeito".

O perfeccionista sofre muito com pequenos erros, contratempos e defeitos, mesmo quando ninguém parece considerar aquilo um problema. Não consegue realizar tarefas por conta do seu padrão de exigência (quase) inatingível e sofre de culpa e vergonha em graus debilitantes. É uma pessoa que posterga e atrasa trabalhos e decisões não por preguiça ou falta de organização, mas porque tudo tem que estar impecável para que consiga avançar na tarefa. Quando não alcança seu ideal, fica deprimido, zangado, retraído e envergonhado.

Quer descobrir se você é perfeccionista? Então analise a sua reação àquele velho bordão: "Feito é melhor do que perfeito." Qual foi sua primeira reação? Se foi negativa, se deu vontade de contra-argumentar, então é possível que você seja perfeccionista ou tenha uma tendência a se prender ao ideal. Mas, mesmo se tiver esse traço na sua personalidade, é possível conviver com ele de forma mais leve e saudável.

O primeiro passo é alimentar uma visão crítica sobre o perfeccionismo. A busca pela perfeição não é nada romântica, como muita gente pensa. Toma tempo, nos torna obsessivos e fechados ao diálogo, pois nosso olhar está fixo no ideal. Quando o perfeccionismo se manifesta em uma parte da nossa vida – o trabalho, por exemplo –, o efeito pode trazer resultados positivos: pense em Steve Jobs, que era conhecido por sua extrema atenção aos detalhes e sua obsessão por fazer os produtos da Apple não só bonitos

8

como também fáceis de usar. Mas, mesmo quando traz aparentes benefícios em uma esfera, o perfeccionismo cobra um preço alto em outras, em geral nos relacionamentos e na saúde mental – como parece ter sido o caso de Jobs. Por isso, convém refletir de forma global em vez de focar somente no aspecto bom.

O segundo passo é evitar o pensamento do tipo 8 ou 80 – que, aliás, é típico dos perfeccionistas. Não ser tão exigente não significa aceitar um resultado ruim ou entregar algo aquém da excelência. Na verdade, é libertador e cria um potencial para desfechos igualmente bons, se não melhores. Quando deixamos de ficar obcecados com o ideal, abrimos espaço para mais criatividade, para mais colaboração, para o inusitado e para o esquisito. Deixamos de ser tão controladores e intransigentes para permitir boas surpresas.

Por que ficamos tão preocupados em fazer com que todas as situações sejam impecáveis e inesquecíveis, se elas têm valor exatamente do jeito que são? As coisas mais marcantes da vida não anseiam pela perfeição, mas se conectam por suas imperfeições. Uma viagem que foge dos planos pode trazer muito mais aprendizado e crescimento pessoal do que aquela no roteiro programado pela agência. Uma ida ao boteco pode trazer mais alegria do que ir a uma festa exclusiva, cheia de pessoas importantes. Um ritual sincero e solitário na natureza pode trazer maior conexão com o divino do que um culto numa catedral.

O esforço despendido para alcançar a perfeição nos distancia do que realmente somos, pois desmerece a nossa autenticidade e nos coloca numa corrida em que não há linha de chegada. Infelizmente, nos iludimos acreditando que há um ideal a ser alcançado. E por isso corremos e suamos mais e mais. E quanto mais perseguimos essa suposta perfeição, mais nos distanciamos de nos aceitar de verdade.

Por que a gente busca tanto a perfeição se podemos aceitar ser o que somos e ver o que mais o acaso pode nos proporcionar?

Em quais áreas da vida você percebe que tem uma atitude perfeccionista – ou seja, em relação a quais atividades você chega a sofrer quando tem que agir porque espera atingir um ideal ou padrão de perfeição?

Circule todas as áreas que se enquadram nisso.

Alimentação

Lazer

Trabalho

Amor

Hobby

Saúde

Espiritualidade

Família

Aparência

Estudos

Amizade

Redes sociais

De que forma o perfeccionismo atrapalha
a sua vida em cada uma dessas áreas?
Se você fosse um pouco menos exigente
consigo mesmo, o que aconteceria?

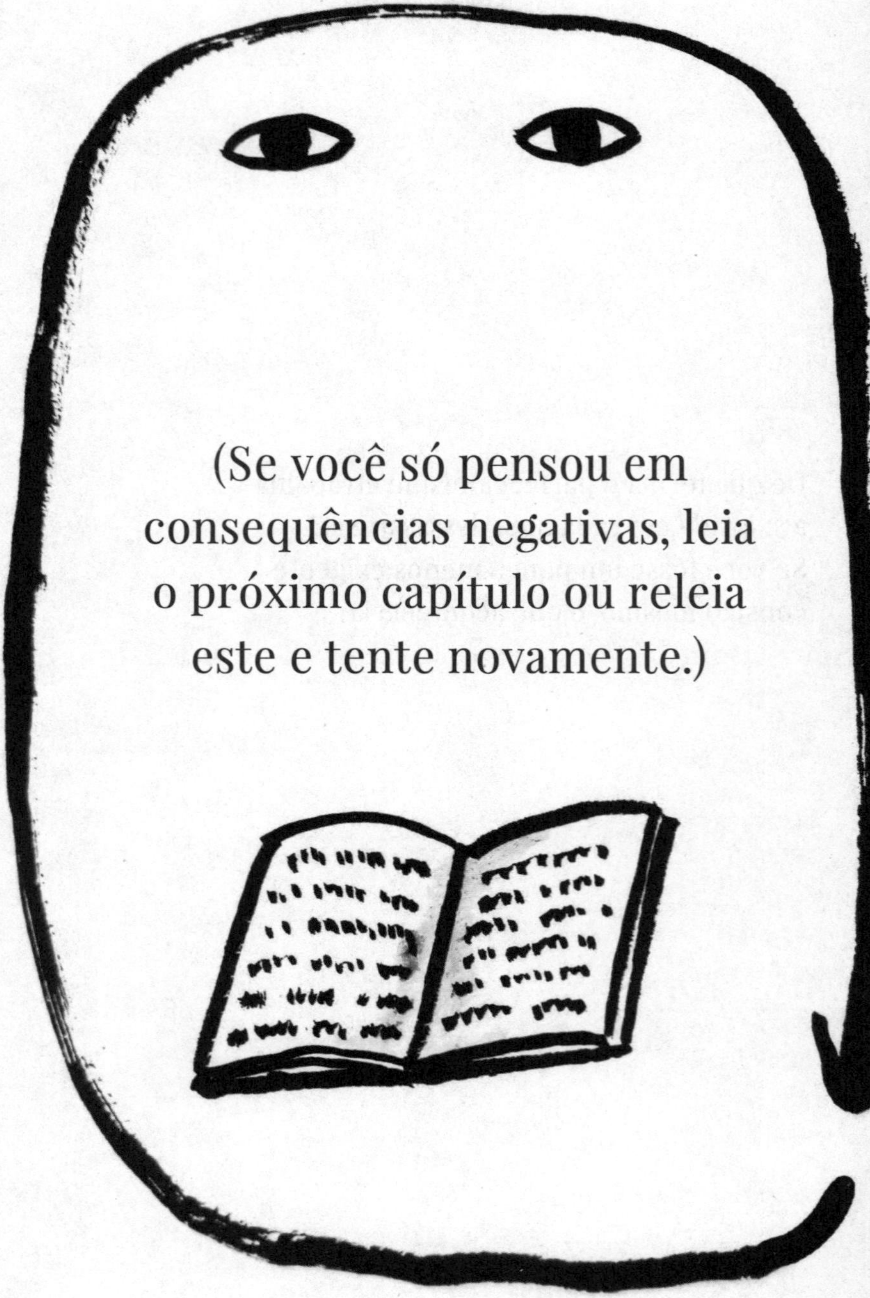

(Se você só pensou em consequências negativas, leia o próximo capítulo ou releia este e tente novamente.)

"BUSCAS A PERFEIÇÃO? NÃO SEJAS VULGAR. A AUTENTICIDADE É MUITO MAIS DIFÍCIL."

Mario Quintana

7

[Aceitação]

Sou uma daquelas pessoas estabanadas que, quando caminham, derrubam as coisas pela casa. Um ser humano nada perfeito, que já deixou de pedir desculpas por orgulho, que agiu por medo de não ser aprovado, que mentiu que leu livros que nunca sequer lhe passaram pelas mãos, que deixou o ego transbordar em situações que pediam mais humildade e menos defesa, que mentalmente culpou o outro só para abster-se da própria culpa, que já traiu a confiança de pessoas que amou, que já deixou faltar compaixão, carinho, paciência...

Sou imperfeito com propriedade. Sou a imperfeição que se conecta com outros imperfeitos. Gosto de ser assim; me torna real, palpável, me faz abraçar as verdades que são minhas e descartar as verdades absolutas que me limitam. Minhas limitações mostram meu lado sombrio, meu lado divino e demoníaco, meu lado sol e lua. As imperfeições me mostram quem realmente sou e, em muitos momentos, esfregam na minha cara que não sou aquilo que achei que era, por mais que eu tente me enganar diariamente.

E tudo bem.

Aceitar nossas imperfeições pode ser um portal para o amadurecimento. Não estou falando de resignação nem de projetos na base do "foco, força, fé". Estou falando de reconhecer e acolher nossas imperfeições, não para torná-las naturais e transformá-las em verdade imutável, mas para vislumbrar uma nova forma de lidar com elas.

Podemos começar a mudar, com leveza, convicção e paciência. Afinal, o que levou anos para ser construído não pode ser destruído de uma hora para a outra. Ou podemos aceitar, com o coração leve, que não temos forças ou ferramentas para mudar algo em determinado momento. Mas quem sabe um dia? Postergar e respeitar os limites não é desistir, é reconhecer que tudo tem sua hora.

O primeiro passo é aceitar quem somos e onde estamos. Expor nossas sombras a nós mesmos é a melhor coisa que pode acontecer quando desejamos evoluir. É preciso ser honesto como a luz do dia, que não deixa nenhuma marca ou ruga passar despercebida. Sem autoflagelação, sem julgamento de valor.

Mas é preciso também ter perspectiva, questionar nossas ideias de perfeição. De onde vêm, como se sustentam? Às vezes vêm de uma mídia manipuladora, de uma sociedade viciada em produzir a doença da baixa autoestima para vender o remédio: seja uma dieta, um objeto de status ou um estilo de vida idealizado que só existe nas propagandas de 30 segundos. Também podem ter origens mais antigas, nas falas daqueles que nos criaram - pais, avós, tios e até mesmo professores.

Ter perspectiva é entender que a sua forma de enxergar e julgar um defeito ou um problema - que aqui estamos chamando de imperfeição - não surgiu de uma imaculada concepção: veio como uma união dos valores da sociedade e da nossa criação. E nossas ações, crenças e atitudes reforçam ou não essas ideias.

Não se trata de dissecar nossas crenças e ideais para destruí-los ou aniquilá-los. É para entender mesmo. Tirar o ideal do pedestal, trazê-lo para perto, examiná-lo por todos os ângulos, para então traçar os próximos passos sem desespero, mas com firmeza.

É possível mudar, se aproximar do seu ideal de perfeição? Vale a pena o esforço, o tempo? Acredito que sempre vale a pena melhorar, evoluir, mas somente quando a direção é consciente e a jornada é gratificante. E só você pode dizer como e para onde quer ir.

Pense em uma característica sua que você luta para aceitar e preencha a tabela abaixo.

COMO VOCÊ É	COMO GOSTARIA DE SER
O QUE ACONTECERIA SE VOCÊ SE ACEITASSE?	**... E SE MUDASSE?**

"A BELEZA NÃO ESTÁ NEM
NA LUZ DA MANHÃ
NEM NA SOMBRA DA NOITE;
ESTÁ NO CREPÚSCULO,
NESSE MEIO-TOM,
NESSA INCERTEZA."

Lygia Fagundes Telles

8

[Vulnerabilidade]

Na nossa história de amor, fotografei o que vivi e guardei tudo num álbum de recordações. De todas as belezas que ele contém, sem dúvida a maior de todas é a coragem de dizer que te amo.

Abri as portas do meu peito e mostrei como eu era; as fortalezas que ergui e as fraquezas que tentava proteger. Fiquei vulnerável diante de você como uma ferida aberta, com as camadas mais profundas expostas, sem garantias. Escolhi estar presente em cada momento, me entreguei por inteiro, o que não foi nada simples para o meu coração inseguro.

Eis que chegou o dia em que nossas pernas resolveram não se entrelaçar mais nas noites frias. Na verdade, elas sempre foram muito independentes. Remamos para mares opostos, mas sempre me lembrarei da pureza do nosso amor. Cantamos as palavras do coração um para o outro, sem pudor, sem esconder nossas fragilidades. Não importa se teve ou não o final feliz que imaginávamos, e sim que fomos verdadeiros e aprendemos juntos a amar sem dar ouvidos às nossas incertezas, sem máscaras ou fingimentos.

Com um sorriso encabulado de saudade, percebo como é bom ser honesto com as verdades berrantes que moram dentro de mim.

Há alguns anos, fui surpreendido com uma descoberta sobre mim mesmo. Percebi que sei expressar o meu afeto. Parece simples, mas para mim foi uma grande revelação, uma conquista. Palavras carinhosas que sempre tive vergonha de pronunciar começaram a sair da minha boca como se fossem velhas conhecidas. Com um sentimento apreensivo de novidade, contei histórias que, durante anos, fingi não serem minhas, por receio do julgamento alheio. Deixei meus maiores traumas e defeitos respirarem. Acima de tudo, me permiti ser vulnerável. E descobri que não há nada melhor do que se sentir bem em compartilhar quem realmente somos.

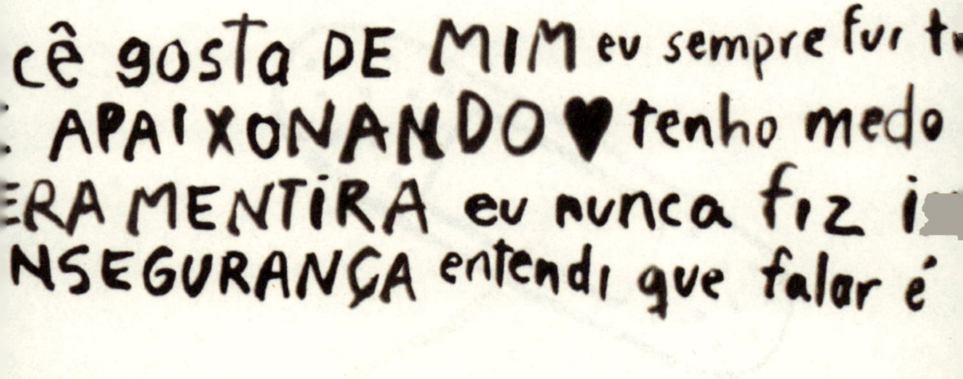

Eu, que sempre fui tão tímido e envergonhado, que passei anos me esforçando para ser aprovado pelos outros, descobri na pele como a vulnerabilidade pode ser a chave para experiências ricas e profundas. Por que guardar palavras dentro de si quando elas podem despertar o amor do outro por nós? Esperar que a iniciativa sempre venha do outro é desperdiçar tempo na fila dos amores que nunca aconteceram.

Pesquisei mais sobre o assunto e descobri o trabalho da escritora e palestrante Brené Brown, uma assistente social que se especializou em estudar a vulnerabilidade e a vergonha, sentimentos que eu já conhecia intimamente desde garoto. Vi vídeos,

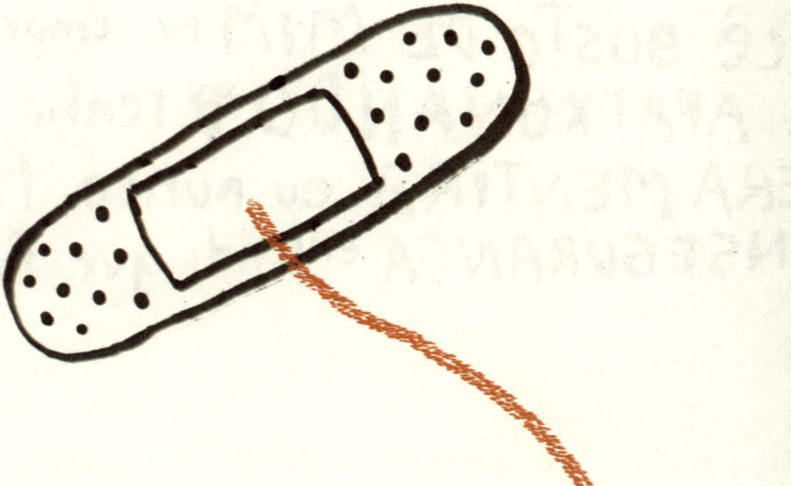

TED Talks e filmes, li livros e mergulhei profundamente nesse universo para escrever o meu último livro e, sobretudo, para me desenvolver como pessoa.

Apaixonei-me pela vulnerabilidade, assim como havia me encantado com o amor e os sentimentos mais suaves. A vulnerabilidade não tem uma melodia tão doce. A própria etimologia revela uma origem amarga: a palavra vem de *vulnus*, que significa "ferida", em latim. Faz sentido: sentir-se vulnerável dói, não é agradável. É uma exposição, como cortar a pele e revelar a verdade crua escondida debaixo da superfície, por baixo da fachada perfeita que nosso ego construiu e lustrou com tanto afinco.

Mas – e isso é realmente espantoso! – quando nos permitimos ser vulneráveis acontece uma das mais lindas e ternas mágicas que um ser humano pode experimentar: uma conexão verdadeira, um encontro de almas.

Depois dessa descoberta busquei criar uma relação estreita com a vulnerabilidade e com a coragem que depende dela. Exercitar a vulnerabilidade envolve escutar o coração, perceber os medos e, em vez de fugir, ficar. Em vez de virar o rosto ou olhar para o chão, sorrir. Em vez de beber mais uma cerveja, olhar nos olhos e começar a conversar. Em vez de ficar quieto, levantar a mão e compartilhar sua ideia. Em vez de manter um diário, publicar o que escreve. E por aí vai.

Siga sua intuição de acordo com os sussurros que chegam do coração.

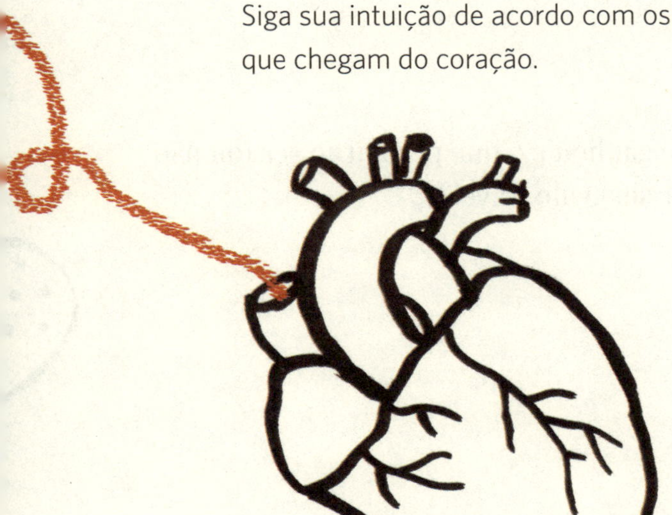

Perceba ao longo de um dia os momentos em que você se sente vulnerável e o que faz com isso.

No fim do dia, responda a estas perguntas:

O que fez você se sentir vulnerável?

Como a vulnerabilidade se manifestou fisicamente, isto é, quais foram as sensações e reações que surgiram?

O que você ganhou e o que perdeu ao ser (ou não se permitir ser) vulnerável?

"A FERIDA É O LUGAR POR ONDE A LUZ ENTRA EM VOCÊ."

Rumi

9
[Conexão]

Naquele dia, me vi no seu jeito sereno de lidar com os problemas e agradeci por ter alguém assim ao meu lado. Com medo, contei minhas maiores tragédias, aguardando olhares de julgamento que nunca chegaram. Contei as palavras de amor que dançavam em seus olhos e sorri sozinho, pois senti que estava amando e, mais do que isso, senti que estava confiando em você… e não há nada mais doce do que amar e confiar.

Quando sinto que uma conexão única se instala entre nossos melhores beijos, sei que estamos vivendo um amor saudável. Como estávamos bem acompanhados, nosso encontro se tornou uma possibilidade de contar segredos que poucos entenderiam. Daqueles que contamos envergonhados e imploramos para o outro não rir. Somos um presente com ansiedade de futuro; um beijo cheio de esperança; uma intimidade que conta histórias; somos risadas intermináveis e tristezas que se tornaram pontes para a alegria.

Não sei se te amo porque confio ou se confio porque te amo. Mas espero que a nossa transparência nunca deixe de nos conectar, mesmo quando os beijos caminharem para lugares mais íntimos. E que, se acontecer de magoarmos um ao outro, que isso nunca seja um motivo para deixarmos de acreditar nas pessoas.

Nas minhas leituras e explorações, aprendi que conexão e confiança são elementos fundamentais para nossa espécie. Inclusive nossa inteligência, nossas criações e conquistas não seriam possíveis se não tivéssemos a capacidade de confiar e de nos conectar com outros seres humanos. Precisamos de segurança para construir relacionamentos, para compartilhar tarefas complexas demais para fazermos sozinhos, para montar instituições, nações e iniciativas globais que demandam colaboração e reciprocidade. Para sobreviver e florescer, conectar-se e confiar é preciso.

Até nisso a natureza é genial, porque criou uma substância, a ocitocina, produzida no nosso cérebro para facilitar a conexão e o afeto. Liberamos esse hormônio quando abraçamos alguém por mais de seis segundos, quando encaramos ou imaginamos a pessoa amada, quando beijamos e gozamos. Descobri que a ocitocina também produz as contrações do parto, deixando mãe e bebê ainda mais preparados, do ponto de vista fisiológico, para se conectar e se apaixonar. E esse hormônio continua sendo liberado durante a amamentação.

Não é incrível perceber que amar e confiar estão inscritos na nossa biologia? Não é um tema somente para poetas, filósofos e amantes: as conexões dizem respeito a todos nós. Mas esse aspecto químico não reduz o lado romântico e misterioso do amor e do vínculo porque, apesar de estar presente no organismo, a capacidade de confiar no outro não é puramente biológica; também é adquirida. Segundo a Teoria do Apego, desenvolvida pelo psicólogo inglês John Bowlby, o tipo de cuidado que recebemos desde o nascimento nos ensina a confiar (ou não) nas pessoas e a buscar (ou não) a conexão com estranhos fora do nosso círculo social. Se temos uma família, escola ou sociedade acolhedora e amorosa, aprendemos a confiar e a nos conectar com outros seres humanos de forma muito mais fácil e natural.

Uma curiosidade sobre a ocitocina é que ela não trabalha bem quando o cortisol está presente – ou seja, em situações de estresse. Deve ser por isso que na guerra e na discórdia é tão difícil nos conectarmos, confiarmos e escutarmos o outro. E será que nossa crise de confiança e solidariedade não está relacionada ao nosso estilo de vida?

Quando estamos com pressa, com a cabeça cheia de tarefas e obrigações, não temos tempo para dar um abraço prolongado, para olhar profundamente nos olhos de um amigo ou de quem amamos, e sentir a doçura da conexão. Por isso, para experimentarmos vínculos verdadeiros, convém baixar a guarda quando a vida se torna uma luta. Tentemos, então, sair do campo de batalha. Desacelerar. Buscar um refúgio, uma válvula de escape.

O que aconteceria se abríssemos a porta para a ocitocina fazer sua mágica em nossa vida?

Aqui vão três exercícios antiestresse para deixar sua mente aberta a novas conexões. Sugiro que você pratique pelo menos um diariamente.

Caminhada na natureza

Escolha um lugar arborizado ou perto do mar. Caminhe 20 minutos por esse local, prestando atenção nas cores, nos sons, nos cheiros e nas sensações físicas da natureza.

Atenção plena

Procure uma posição confortável, num lugar em que não será interrompido. Foque na sensação física da respiração. Sempre que se distrair com os pensamentos, volte a se concentrar na respiração. Não é fácil, mas o importante é praticar. Ah, vale lembrar que na meditação não existem acertos ou erros.

Mexa o corpo

Durante 15 minutos, pratique uma atividade física que faça o seu coração bater mais rápido: correr, dançar, nadar, fazer polichinelos, etc. A ideia é liberar endorfinas, que combatem o estresse.

"NÃO SEI...
SE A VIDA É CURTA
OU LONGA DEMAIS PARA NÓS.
MAS SEI QUE NADA
DO QUE VIVEMOS
TEM SENTIDO
SE NÃO TOCARMOS O
CORAÇÃO DAS PESSOAS."

Cora Coralina

10

[Empatia]

A empatia é uma consciência ampliada do outro e, acima de tudo, do mundo em que vivemos. É sentir que moramos um pouco no outro, ainda que em corpos diferentes. E, muitas vezes, não só os corpos como também os valores, as atitudes e as vivências. Ser empático envolve não julgar e ver beleza na aceitação do outro, e também ter noção dos nossos privilégios. É aceitar que somos um todo, por mais singulares que sejamos, porque estamos todos conectados.

Quando perdemos a capacidade de nos imaginar no lugar do outro, nos perdemos de nós mesmos. E, conscientes de quem somos, fazemos bem em buscar compreender o outro mais do que ele compreende a si mesmo.

Conhecendo o outro, nos conhecemos. E vice-versa.

Demorei anos para compreender que, quando perdemos a empatia pelos outros, morremos em vida. Ao fechar os olhos, os ouvidos e o coração para outras vidas que não a nossa ou a de nossos semelhantes, tornamos nossas experiências tão limitadas que é quase como se estivéssemos presos em um universo solitário. Empatia é o que nos permite sair de nosso mundinho, experimentar novas sensações, ultrapassar limites. É uma viagem que, embora não seja feita só de alegrias, tem um valor inestimável.

Antes de continuar, acho que cabe aqui uma breve definição de empatia. Trata-se da habilidade de sentir como o outro, enxergando a situação com os olhos dele, não com os seus. Para a pessoa que preza a empatia, a frase "Faça ao outro o que gostaria que fosse feito a você" precisaria se transformar em "Faça ao outro o que ele gostaria que fosse feito a ele". É o famoso colocar-se no lugar do outro, não só no pensamento ou na teoria, mas também com o sentimento, com a alma.

É necessário ter empatia não só com quem está na rua passando fome ou com quem necessita de um elogio num dia ruim. Assim como o sol brilha para todos, a empatia deve se estender para além de nossa compaixão com oprimidos, azarados ou sofredores. É um desafio, mas cabe ser empático também com quem um dia nos fez sofrer. Ter empatia com quem nos magoou é, como diz o budismo, uma linda ação de despertar.

Há quem diga que esse é o discurso ingênuo de quem acha que o mundo é cor-de-rosa. Outras pessoas dizem que a tolerância que costuma brotar da empatia não passa de uma desculpa conveniente para o covarde, que não quer lutar contra as injustiças. Mas podemos ser realistas e proativos e ainda assim exercitar a compaixão.

Ter empatia com quem nos fez sofrer é a chave para uma imensa e transformadora sabedoria. Primeiro, porque é um passo importante para aceitar que nossa reação diz mais sobre nós do que sobre o outro. Por maior que seja a dor, a narrativa que você constrói em torno dela é mais forte e tem o poder de destruir ou construir relacionamentos e soluções. Você pode se sentir triste ou zangado e tem todo o direito de tomar as atitudes cabíveis para expressar seu desgosto ou reparar o ocorrido, mas não abra mão de ter empatia com a pessoa.

E isso me leva ao segundo motivo. Conhecer as motivações, as vulnerabilidades e as histórias do outro é absolutamente necessário para sair do cenário de ganhadores e perdedores, mocinhos e bandidos, vítimas e vilões em que vivemos atualmente. A falta de empatia nos faz querer gritar mais alto, para sermos ouvidos a qualquer custo, mas tampar os ouvidos para a voz do outro. Isso costuma acontecer em términos de relacionamentos, brigas judiciais e discussões nas redes sociais. E, se você já esteve em qualquer lado dessa disputa, sabe que não é nada agradável.

Já que não podemos mudar o outro, a solução é, como disse Mahatma Gandhi, "ser a mudança que queremos ver no mundo". Queremos ser ouvidos? Então vamos treinar a escuta. Queremos ser respeitados? Então vamos respeitar quem é diferente. Queremos melhorar a qualidade dos nossos relacionamentos? Então vamos oferecer ao outro o melhor de nós.

Tudo isso começa com a empatia: a suspensão da nossa perspectiva e a aceitação da perspectiva do outro. Envolve sair do piloto automático e ensaiar novas formas de ser e estar com o outro, seja ele uma pessoa querida, um estranho ou um antagonista. A literatura e as artes em geral são ótimos meios de experimentarmos a empatia; personagens, histórias e imagens nos permitem ser transportados a novas realidades e territórios interiores. Mas atenção: de nada adianta passar algumas horas na pele de alguém fictício e fechar os olhos para as pessoas em carne e osso que fazem parte do nosso cotidiano.

Por falar em cotidiano, é nele que encontraremos infinitas oportunidades de treinar a empatia. Vamos experimentar?

Pense numa ocasião em que você agiu ou reagiu de forma pouco empática.

Sabendo o que sabe agora, o que você poderia ter feito diferente?

SITUAÇÃO	
REAÇÃO	
COMO PODE MELHORAR?	

"CONHEÇA TODAS AS TEORIAS,
DOMINE TODAS AS TÉCNICAS,
MAS, AO TOCAR UMA
ALMA HUMANA,
SEJA PENAS OUTRA
ALMA HUMANA."

Carl Gustav Jung

11

[O outro]

Os meus olhos devem, por algum momento, ser os olhos do outro. As minhas mãos podem, por alguns minutos do meu dia, apertar as mãos de alguém que está precisando de um pouco de calor humano. O meu tempo, em pequenas doses, pode ser oferecido a quem tem um olhar triste sobre a vida. Se eu não me dispuser a doar um pouco de mim, como poderei querer que os outros estejam ao meu lado quando eu precisar? Se eu não aceitar o que eles são, como poderei querer que me aceitem como sou?

Quando me coloco em situações que não vivi, procuro imaginar o que o outro está sentindo; o que eu sentiria se ali estivesse? Nas possíveis esquinas, em alguma viela da vida, podemos precisar da mesma compreensão que um dia buscamos estender às pessoas à nossa volta. Não hesite em ser generoso, pois olhar, ouvir, estar presente, doar-se são movimentos que salvam o sorriso de outro alguém. E acabam salvando também a nós mesmos.

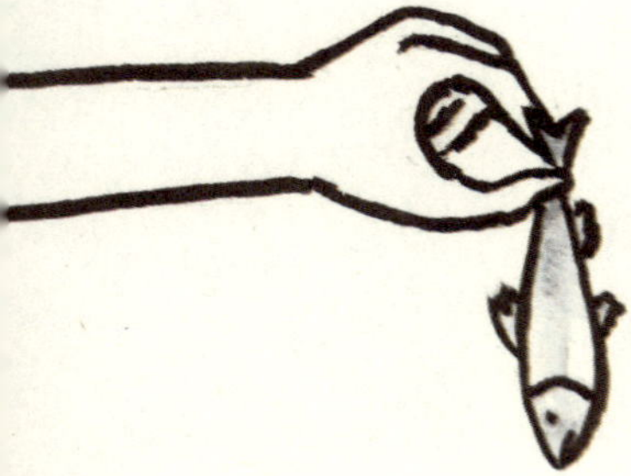

O filósofo Jean-Paul Sartre disse, e os Titãs depois cantaram, que "o inferno são os outros". À primeira vista, parece ser uma defesa do isolamento, algo típico de um misantropo ou um ermitão, que prefere a liberdade completa da solidão à negociação diária da convivência. Mas não foi a isso que Sartre se referiu. Ao contrário, ele estava falando sobre a ideia de um outro: alguém externo a nós, diferente, que objetificamos, contra o qual marcamos nossa identidade, mas que, em contrapartida, também nos julga e objetifica, limitando nossa existência na busca pela aprovação.

Podemos pensar nesse "outro" de várias formas. A mais óbvia é como contraste. Isso nos ajuda a construir nossa identidade, nossos valores, a formar nossa tribo, nosso círculo de amizades. Por exemplo: sou brasileiro porque não sou argentino, sou introvertido porque não sou extrovertido, sou de humanas porque não sou de exatas, e por aí vai. Desde o momento em que nascemos, usamos comparações e diferenças para nos orientar no mundo, conhecer nossos contornos e formar ou consolidar nossa personalidade. Além de inevitável, esse contraste é fundamental no processo de autoconhecimento, nos ajudando a descobrir nossos princípios, nossos pontos fortes e nosso caminho pelo mundo.

Outra forma de ver o outro é como antagonista ou competidor. Isso é muito tentador e quase obrigatório no pensamento individualista. Alguém ganha, então outro tem que perder. Um está certo e o outro está errado. Um é bom e o outro é mau. Curiosamente, nós sempre somos os bons. Os maus são os outros. Infelizmente, nessa lógica implacável, quem perde somos todos nós, porque esse antagonismo não permite criar diálogos verdadeiros – somente debates, em que um quer convencer o outro e ganhar a discussão. A visão antagônica do outro favorece somente a polaridade em si, porque, nela, não há chance de construir pontes e, assim, novos caminhos.

Uma terceira possibilidade é ver o outro como oportunidade. Por mais diferente, estranha ou até mesmo repulsiva que outra pessoa possa ser – por sua aparência, suas ações ou seus valores (reais ou imaginários) –, ela oferece uma oportunidade para o autoconhecimento, a conexão e uma nova e mais complexa sabedoria. Usando a imaginação, a curiosidade e a escuta, o outro pode ser um destino, e não somente uma baliza. Em vez do simples preto e branco da visão antagonista, a conexão real com o outro traz tons de cinza – e também novas cores para nossa existência.

Voltamos ao conceito de empatia, mas desta

vez uma empatia bem radical, como defende o filósofo Roman Krznaric. Ela é radical porque pode abalar nossa identidade, destruir os preconceitos que nos tornam seguros e convictos de nossas verdades e ampliar nosso mundo em direções imprevisíveis. Como diz Krznaric no vídeo *The Power of Outrospection* (YouTube), "a empatia pode criar uma revolução".

Mas, calma, ele não está falando da revolução armada, e sim da revolução do afeto, da compreensão e do não julgamento. Uma visão empática do mundo traz um enorme amor pelas pessoas, independentemente das aparências. Significa aceitar, sem julgar, por mais que os preconceitos insistam em coçar os pensamentos. Significa compreender que quem ama não julga; mas aconselha, conversa, acolhe, compartilha opiniões e deixa as tristezas do outro fazerem parte de si.

Significa perceber que é necessário ter empatia não somente quando o outro está passando por uma injustiça, mas também quando ele está sendo injusto com você. Isso é um sinal de maturidade, é um belo passo em direção à paz interior.

Pense em alguém que representa algo odioso para você. Pode ser uma pessoa do seu convívio, uma figura pública ou até um personagem fictício.

Agora procure criar uma história sobre essa pessoa com base na tabela abaixo.

COMO FOI A INFÂNCIA DELE/DELA	VALORES QUE ELE/ELA APRENDEU DOS PAIS OU DA SOCIEDADE	QUAIS OS MAIORES MEDOS DELE/DELA
UM DIA TÍPICO NA VIDA DELE/DELA	UM AMOR QUE ELE/ELA VIVEU	COMO SE SENTE EM RELAÇÃO ÀS PESSOAS QUE O/A ODEIAM

(O intuito deste exercício não é fazer você gostar da pessoa, mas apenas experimentar entendê-la.)

"QUANDO EU PUDER SENTIR
PLENAMENTE O OUTRO,
ESTAREI SALVA E PENSAREI:
EIS O MEU PORTO DE CHEGADA".

Clarice Lispector

12

[Términos]

Por mais difícil que tenha sido a nossa relação, nos amamos muito e de verdade. Naquele dia, sentados em um bangalô à beira da praia, terminamos de um jeito que nenhum de nós poderia imaginar, e essa lembrança dói até hoje. As dores que colecionei ao seu lado foram enormes, mas as alegrias foram ainda maiores – e preciso me lembrar disso constantemente, por mais que algumas tristezas teimem em perambular por meus pensamentos, mais até do que eu gostaria.

Hoje, depois de anos tentando ressignificá-lo, sei que um término triste e conturbado não apagou anos de tanta dedicação e amor. Aprendi tanto com você; sobre o amor, sobre mim mesmo.

Quando tiver que partir, vá, mas preserve os detalhes e os sentimentos; não deixe de valorizar o que foi vivido. Os períodos difíceis da vida nos ensinam como devemos celebrar as partes alegres, as sombras guiam até a luz. As dificuldades das relações nos lembram que amar envolve imprevisíveis doses de felicidade, dor e aprendizado.

Por mais que sejamos autênticos, compassivos e gentis, há relacionamentos que precisam acabar e outros que terminam por força do destino. Casais perdem o encanto, e às vezes o respeito, um pelo outro e resolvem se separar. Amigos se afastam física ou emocionalmente de nós, e vice-versa. Empregos ficam para trás, nos forçando a nos despedir de chefes, colegas de trabalho, companheiros do happy hour. Às vezes deparamos com traições e decepções que mudam uma relação da noite para o dia. E tem hora que alguém termina conosco ou se afasta sem que nunca entendamos o motivo.

A vida é cheia de despedidas – tristes ou felizes, por escolha nossa ou não – e aprender a lidar com esses términos é uma tarefa necessária para que possamos seguir nosso caminho.

Quando uma relação tem um final inesperado ou deixa marcas traumáticas, é normal sentir que fomos tolos, que nada valeu a pena, que não devíamos ter aberto o coração e confiado. O primeiro impulso pode ser a raiva – do outro e de nós mesmos – por termos perdido tempo e saliva com o outro. É possível que a mistura de dor, ressentimento e culpa nos leve a buscar soluções extremas na bebida, no pote de sorvete ou na promessa de nunca mais nos aproximarmos de alguém. Mas será que isso é o melhor que podemos fazer para cuidar de nossa dor nesse momento já tão difícil?

Já vivi amores que terminaram de forma dramática e já precisei me afastar de pessoas próximas para preservar minha autoestima. Sofri mágoas, injustiças e decepções que resultaram em rompimentos ou afastamentos; vivi relações que não fui capaz de salvar nem com muita conversa e esforço. Passei noites inteiras me questionando, tentando imaginar desfechos diferentes, repassando conversas e olhares, dissecando memórias. Em vez de ter autocompaixão, causei ainda mais dor a mim mesmo.

Hoje vejo que fiz o meu melhor, e que não cabia a mim a responsabilidade de salvar o relacionamento ou de mudar o outro. Gosto de pensar que as pessoas também estavam fazendo o melhor possível para elas. Seria lindo se todos pudéssemos extrair lições dos conflitos. Não para mudar o rumo da história – achar que isso está sob nosso controle é uma ilusão –, mas para dar um sentido mais interessante às dificuldades e fazer disso um passo importante no caminho para o autoconhecimento.

Precisamos aprender a dizer adeus, mesmo quando há amor, e também extrair todo o aprendizado do relacionamento sem carregar a desesperança. Se sentir que chegou ao seu limite, apague a luz, vá embora para não se perder de si, mas guarde um porta-retratos com as boas lembranças e experiências, pois é assim que se aceitam os riscos e as delícias de amar.

Você vai sentir dor, vai sofrer – pelo término, pelos sentimentos que surgem a seguir e pelas más recordações. Não tem jeito: não dá para apagar a história nem tentar superá-la como um trator, passando por cima dos sentimentos difíceis que surgem nessa hora. A ideia é outra: acolher suas dores, explorar suas sombras e construir novos sentidos para velhas histórias.

Circule todos os sentimentos negativos que você experimentou após o término de um relacionamento.

solidão

raiva

impotência

mágoa

culpa

tristeza

vergonha

humilhação

medo

dor

inferioridade

Agora transforme esses círculos em balões.
Se quiser, pinte-os de cores diferentes.

Visualize cada um deles
voando para longe.

Sem eles, o que sobrou?
Escreva abaixo.

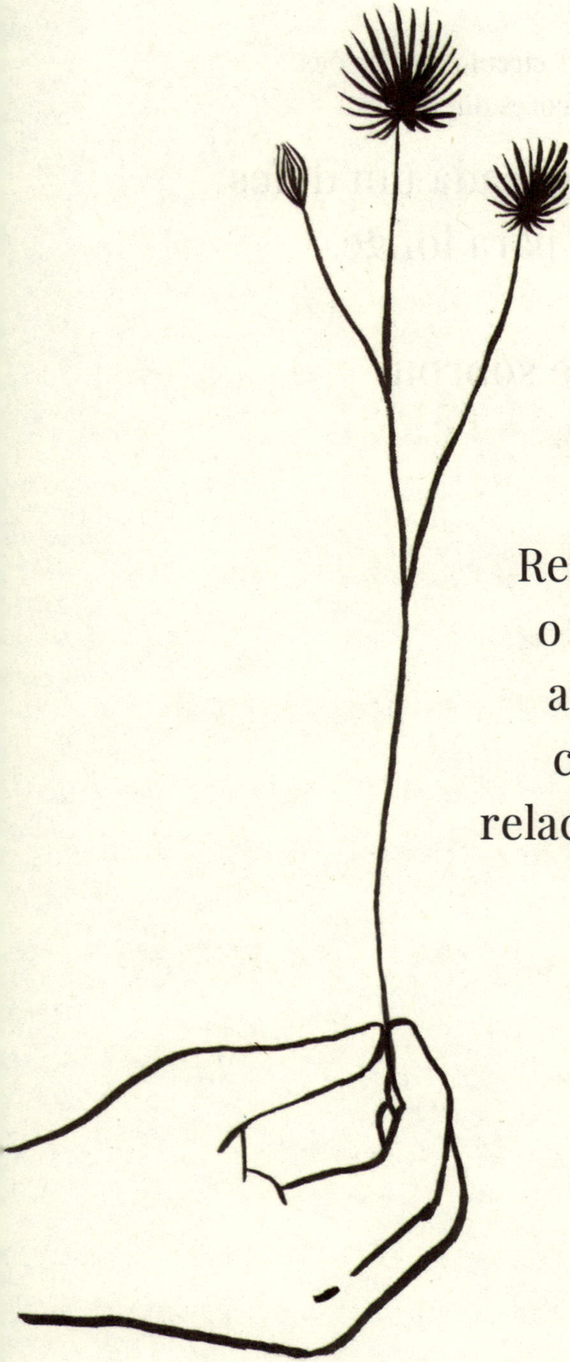

Reflita sobre
o que você
aprendeu
com esse
relacionamento.

"CERTA VEZ UMA PESSOA
QUE AMEI
ME DEU UMA CAIXA CHEIA
DE ESCURIDÃO.
LEVEI ANOS PARA ENTENDER
QUE ISSO
TAMBÉM FOI UM PRESENTE."

Mary Oliver

13

[Sensibilidade]

A minha sensibilidade é como uma chave que abre um portal para outra dimensão. Por conta dela, sou transportado a lugares mágicos, cheios de beleza e de histórias comoventes. Nessa dimensão, as cores são mais vivas; as dores, mais agudas. Os olhos ficam mais aguçados, mas o que enxergam tanto encanta quanto entristece, e as lágrimas são forçadas a trabalhar uma dupla jornada. O coração perde a couraça. Porque, nesse lugar, não podemos carregar armaduras; assim, ele se abre e se expande, ficando em sintonia com tudo ao redor.

O problema desse portal é que muitas vezes é difícil encontrar a saída. E estar nesse lugar é exaustivo, dói. É um poço sem fundo, e preciso subir para respirar. Giro em círculos, buscando um retorno ao mundo concreto, e crio redemoinhos de questionamentos e dúvidas. Preciso ficar leve para subir à superfície, mas estou pesado por carregar tantas emoções dentro de mim.

Minha sensibilidade me leva a lugares a que eu nem sempre gostaria de ir. Ela faz as dores parecerem intermináveis, aperta o coração em momentos imprevisíveis. Mas com o tempo aprendi a conviver com a intensidade que ela traz e a separar suas qualidades das suas dores. Compreendo que minha sensibilidade é um olhar atento e receptivo ao mundo, mas que cabe a mim direcioná-lo para o que realmente importa.

Até pouco tempo atrás, eu enxergava a minha sensibilidade como um defeito de fábrica que me trazia problemas e sofrimento excessivo. Sempre tive a sensação de que eu era diferente das outras pessoas por conta disso: fico atento demais, ansioso demais, reajo de forma mais intensa, preciso de mais tempo para elaborar e entender situações e sentimentos, tenho uma imaginação muito ativa e complicada de controlar, quero ajudar muita gente só para aliviar o sofrimento alheio, que também está em mim.

Aos poucos, fui aceitando melhor e aprendi a apreciar esse meu traço. Sinto que, se eu não fosse assim, a paleta de cores que compõe a minha vida seria muito menos interessante. É como se minha sensibilidade me tornasse apto a perceber uma gama enorme de emoções, da mais singela à mais dramática, como se eu fosse um piano que toca do tom mais grave ao mais agudo. Penso hoje que, se não fosse a minha sensibilidade, provavelmente eu não sentiria tanta necessidade de escrever. Eu não seria eu.

No TED Talk "O poder da vulnerabilidade", a pesquisadora Brené Brown falou algo que me tocou profundamente. Ela disse que não é possível anestesiar as emoções de maneira seletiva; ou seja, quando anestesiamos a vulnerabilidade e as emoções negativas em geral (tristeza, vergonha), também nos tornamos menos receptivos às emoções boas: alegria, gratidão, solidariedade. Depois que ouvi isso, passei a valorizar ainda mais a habilidade de me abrir a várias emoções; comecei a "vestir a camisa" da sensibilidade. Passei a ter orgulho de ser assim e a querer ajudar as pessoas a abraçarem esse lado.

Uma das formas pelas quais podemos aguçar nossa sensibilidade é, justamente, não ceder ao impulso de nos anestesiarmos ou nos distrairmos das nossas sensações. Hoje em dia, temos tantos recursos competindo pela nossa atenção e tantas tarefas preenchendo nossa mente que é muito mais difícil estar presente no momento do que a gente imagina. O celular é o maior e melhor exemplo: é um portal, aberto 24 horas por dia, para socializar, entreter com jogos, músicas e vídeos, e até mesmo trabalhar. Também anestesiamos os sentidos com comida, compras e outros vícios. Quando você perceber que está pegando o celular sem necessidade ou abrindo a geladeira sem estar com fome, será que não poderia fazer uma pausa e se perguntar: "O que estou sentindo?"

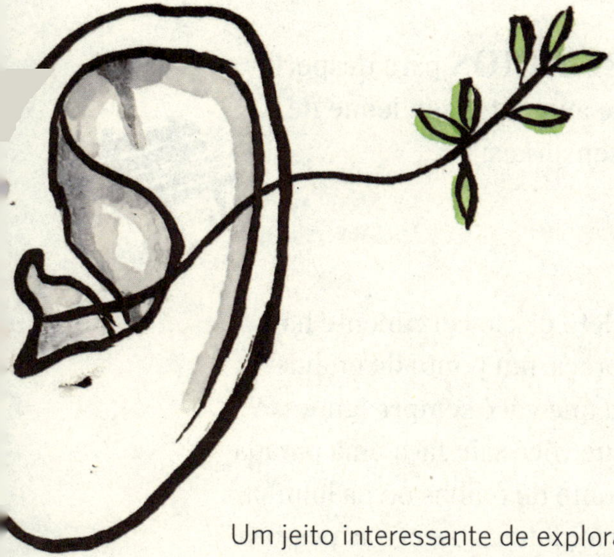

Um jeito interessante de explorar a sensibilidade é por meio de atividades e experiências que nos deixam mais receptivos e perceptivos. A maioria dessas práticas envolve sair do piloto automático, desacelerar e prestar atenção ou focar apenas em um dos sentidos (audição, olfato, tato, etc.). Uma amiga trouxe de viagem para mim um exemplar do livro *The Art of Noticing* (A arte de perceber), de Rob Walker, que tem muitas ideias divertidas para despertar a curiosidade e aguçar os sentidos. Inspirado nele, criei três exercícios para você experimentar, se quiser.

O importante mesmo é se conscientizar da enorme variedade de sensações que você pode estar perdendo e ver como seu mundo pode se ampliar e se tornar mais belo.

Três exercícios para despertar seus sentidos e aumentar seu leque de experiências sensoriais:

1. No seu trajeto diário certamente há um banco de praça, um ponto de ônibus ou uma lojinha que você sempre ignora. A próxima vez que você sair, faça uma parada na praça, no ponto de ônibus ou na lojinha. Durante cinco minutos, observe as pessoas, o entorno, a paisagem. Se quiser, escreva sobre o que viu e sentiu.

2. Escolha uma hora para ficar em silêncio absoluto – isto é, sem conversar com ninguém, ouvir música ou podcast. Pode ser dentro ou fora de casa. Perceba os sons do ambiente. O que você escuta? De onde vêm os barulhos? O que os sons diversos despertam em você?

3. Marque uma consulta com um massagista (ou peça a alguém que lhe faça uma massagem). Durante a experiência, tente não deixar a mente divagar para o mundo dos pensamentos; concentre-se no toque.

"QUANTO MAIS QUIETO TE TORNAS,
MAIS ÉS CAPAZ DE OUVIR."

Ram Dass

14

[Gentileza]

Era um lindo dia de sol, todos estavam correndo para os seus afazeres, alguns em busca de um lugar no metrô, outros cansados e reflexivos no trânsito, outros cantarolando e sorrindo pelas nuvens que se despediam do dia anterior. Através da janela do carro, avistei um senhor tentando tirar uma foto de uma abelha pousada em uma flor. Pela maneira que mexia no celular era perceptível que ele não estava conseguindo fazer o que tanto desejava. Talvez tivesse ganhado o aparelho de algum filho ou parente próximo e ainda não houvesse se entendido com os ajustes da câmera. Depois de inúmeras tentativas e olhares desorientados, um adolescente que passava às pressas observou o senhor e resolveu ajudá-lo. Juntos fotografaram a pequena abelha pousada na pétala da flor. Um gesto simples, em um dia corriqueiro, trouxe alegria para quem, a distância, observava a cena.

A gentileza é um toque suave que acarinha profundamente o coração dos desacreditados. É um olhar, um gesto, uma fotografia, um aconchego que nos apresenta uma afeição de que nem sabíamos que precisávamos. Na gentileza doamos o que há de mais valioso em nós: o nosso tempo e afeto. Atrevida e incansável, a gentileza desata corações fechados e tira para dançar pessoas que tantas vezes já ensaiaram o adeus. E, enquanto dançam, sorriem e escutam a música, deixam-se levar pelo doce som da esperança. Ela é a companhia que havíamos esquecido que existia.

Estamos todos muito apressados, sobrecarregados, focados no nosso roteiro individual. É tanta coisa para fazer, tantos boletos para pagar, mensagens para responder e leões para matar que as pessoas andam com cada vez menos disponibilidade para a cortesia, a gentileza, o sorriso sincero ao outro. Quem tem tempo de segurar a porta do elevador para quem se aproxima? Quem tira o olho do celular no transporte público para perceber que entrou uma mulher com uma criança de colo e que é hora de ceder o lugar? Quem se preocupa em recolher a bandeja da mesa na praça de alimentação do shopping?

No entanto, a máxima "Gentileza gera gentileza" é tão famosa que já virou ímã de geladeira. Mas não é tão difícil assim fazer uma cortesia, ajudar o próximo. Aliás, não só é fácil como é até viciante. Quando você realiza um pequeno ato de bondade, a recompensa é a mesma que comer um chocolate: ambos liberam dopamina, o hormônio que provoca a sensação de bem-estar e gratificação.

E não venha dizer que você é tímido demais para se relacionar com estranhos. A gentileza não é um ato reservado a estranhos nem a cenários como esses que eu descrevi. Você pode optar pela gentileza nos diálogos que tem no dia a dia, por exemplo. Antes de falar, pense: “Há agressividade, arrogância ou impaciência nas minhas palavras ou no meu tom de voz? Se houver, será que posso dizer o mesmo sem farpas, sem aspereza?” É possível se expressar com assertividade, mesmo em situações difíceis e que exigem firmeza, como broncas e cobranças, sem deixar de ser gentil.

Aliás, acredito fortemente que qualquer conflito se resolve de maneira mais rápida, mais eficaz e mais sustentável quando pelo menos uma pessoa se recusa a baixar o nível e a perder a linha – isto é, quando ela tem um compromisso com a gentileza. Isso vale para tudo, desde discussões nas redes sociais até disputas judiciais. E se, por acaso, perde-se a paciência, um pedido sincero de desculpas vale como um ato de gentileza ao quadrado – afinal, todos sabemos quão difícil é reconhecer um erro e, com o coração aberto, pedir perdão. Quando somos gentis, portas se abrem. Quando somos grosseiros, elas se fecham.

Não é à toa que a gentileza é uma virtude pregada por várias religiões e tradições. No judaísmo, há uma parábola sobre um homem apressado que, ao conhecer um rabino muito sábio, lhe pediu que resumisse em um minuto os ensinamentos mais importantes da religião. O rabino respondeu: "Não faça aos outros o que não gostaria que fizessem com você. Isso é toda a Torá, agora vá estudar!" Está claro para mim que a gentileza é o princípio mais básico, pois ninguém quer ser tratado com grosseria. No cristianismo, a benevolência e a caridade podem ser vistas como uma extensão da gentileza, pois tudo isso significa sair de um lugar autocentrado e egoísta e colocar-se a serviço de outros e do bem maior.

No budismo, existe uma forma de meditação chamada Metta Bhavana, que envolve pensar no outro e repetir votos de bem-estar, saúde e paz, ampliando o círculo de pessoas até chegar a seus inimigos.

Mas você não precisa entender de religião para colocar essa virtude em prática. Comprometer-se a ser gentil com alguém que já lhe fez mal sem antes exercitar a gentileza no dia a dia, com pessoas neutras e em atividades simples, é como tentar correr uma maratona sem antes fazer uma corrida de 5 quilômetros. Por isso, comece experimentando as pequenas gentilezas: com estranhos, com colegas de trabalho, com membros da família, com amigos e conhecidos. E não se esqueça de também ser gentil consigo mesmo.

Escreva uma gentileza que você presenciou ontem ou hoje.

Agora escolha uma gentileza que você pode fazer para alguém hoje.

Aqui vão algumas ideias:

- Ligar para sua avó ou seu avô só para conversar.
- Ajudar alguém sem que a pessoa precise pedir.
- Sorrir para um estranho.
- Mandar uma mensagem para uma pessoa só para dizer como ela é importante para você.
- Arrumar um cômodo da casa (que não seja o seu).
- Comprar algo no mercado para alguém que precise de ajuda com as compras.
- Deixar um bilhete escrito à mão para alguém.

SUA IDEIA

"PARA APALPAR AS
INTIMIDADES DO MUNDO
É PRECISO SABER QUE O
ESPLENDOR DA MANHÃ
NÃO SE ABRE COM FACA."

Manoel de Barros

15

[Perdas]

O moinho que há em cada um de nós nem sempre gira conforme a necessidade do coração. Meu moinho é confuso, triste e esquecido por muitos desde que foi construído. Neste meu moinho há pau, há pedra e há um coração que ainda não aprendeu a viver sem o soprar do vento. Suas hélices se movem pelas lágrimas do adeus. As histórias que ele conta são tristes, mas escritas por almas bonitas.

Cheio de defeitos de construção, ele gira a todo vapor quando ama, mas chora feito criança quando precisa se despedir. Não é um moinho bonito nem tão eficiente, mas não vai desistir de girar enquanto ainda houver amor.

E há.

Há pessoas que chegam à vida adulta sem nunca ter passado por uma experiência de perda. Não sou uma delas. Ainda criança, após o divórcio dos meus pais, perdi minha referência de família, escola e cidade. Na adolescência, perdi meu pai. Por muito tempo, não consegui revisitar essas memórias, por medo de ser levado por um tsunami de saudade e tristeza. Achava que, para ser forte e seguir a minha vida, era necessário colocar uma placa no meu coração: "Atenção! É proibida a entrada de sentimentos não autorizados."

Existe algo mais vulnerável do que perder alguém, seja por morte, rompimento ou distância? O luto é a maior expressão da vulnerabilidade; é uma concentração tão grande de sentimentos difíceis que chegamos a duvidar que vamos sobreviver, amar de novo, ter coragem de nos reerguer. Perder alguém nos derruba do pedestal de nossas seguranças e certezas. Ficamos desamparados e feridos, e é normal sermos tomados pela raiva. Como é que algo tão injusto e doloroso foi acontecer comigo? Inconformados, perguntamos: "Por que eu?"

Como não existe uma resposta correta, podemos reagir de várias maneiras. Uma forma que talvez seja a mais comum e a que mais deve nos blindar dos sentimentos ruins é a busca por um culpado. A atribuição de culpa é estranhamente gratificante. Tomada pela fúria e com a justificativa de fazer justiça, nossa mente embarca numa cruzada para encontrar culpados, conseguir reparação e restabelecer algum tipo de ordem. Essa incursão quase moral consome tanta energia que não dá tempo de sentir tristeza, saudade e revisitar as boas memórias. Encontrar os responsáveis (se for o caso) e buscar justiça (se possível) é muito importante, mas corremos o risco de nos distrairmos do que realmente importa: o amor e as lembranças da pessoa que partiu.

Outra forma de reação é a recusa. A recusa pode se manifestar de várias maneiras. Você pode se recusar a ser feliz novamente, o que é muito comum quando um cônjuge morre ou vai embora e o que "ficou para trás" se fecha para novas oportunidades de amor. Você também pode se recusar a ficar triste. Você repete para si mesmo "Bola para a frente!" e se enche de trabalho, compromissos sociais e projetos para preencher o buraco que ficou. Enquanto a busca por um culpado é marcada pela ideia de consertar o passado, a recusa carrega a tentativa de controlar o futuro. Em vez de sentir a dor no presente, você emprega toda a sua energia para garantir que o amanhã seja menos sofrido.

Por fim, temos um terceiro caminho: a aceitação e a entrega ao intenso processo de viver e compreender a perda. Esse

caminho se caracteriza pela tentativa de viver o presente, sem fugir para o passado, procurando explicações, e sem saltar para o futuro, buscando acelerar a vida e prevenir outras perdas. É a escolha dos corajosos: aqueles que estão dispostos a sentar com a dor, a sentir o coração se dilacerar, a acolher a incerteza e o desespero. Também é a escolha de quem tem autocompaixão, porque, para ficar nesse lugar tão desconfortável, é preciso confiar em si mesmo e cuidar para que a perda não tome proporções ainda maiores.

Sendo bem realista, é provável que cada pessoa experimente as três opções, dependendo do contexto, da personalidade e da magnitude da perda. Este livro não é um manual de saúde mental, portanto seria inútil oferecer conselhos para lidar com uma dor tão absolutamente visceral quanto a experiência da perda. A mensagem que eu queria deixar é simples: relembre com carinho as suas histórias de amor, por mais que elas tenham lhe trazido mágoa e dor, porque essa é a prova de que o amor vivido foi e é real. Confie na força e no poder desse amor; a pessoa amada se foi, mas a essência dela está aí, nessa capacidade maravilhosa de amar.

Pense em algo ou alguém que você perdeu recentemente.

Em poucas palavras, descreva o que a pessoa ou a experiência lhe proporcionou.

Saiba que essas memórias continuarão vivas em você.

"É MELHOR TER AMADO
E TER PERDIDO
DO QUE NUNCA
SEQUER TER AMADO".

Alfred Lord Tennyson

16

[Tristeza]

Eu não sou uma pessoa triste, longe disso, mas há momentos em que a tristeza tem conversas profundas comigo. E procuro respeitar as suas falas e o seu tempo. A chuva dá voz à carência, as músicas tiram para dançar a imaginação melancólica, a incompreensão é vizinha antiga, e o silêncio é um amigo daqueles que a gente pode contar nos dedos. Tenho meus momentos de recolhimento, de buscar um canto em que posso ficar sozinho com meus pensamentos e minhas recordações, sem interrupções ou pressão para retomar o ritmo alegre da vida.

Sempre me permiti estar disponível para essa conversa sóbria, essa dança soturna, esse visitante descontente. Sei que a tristeza veio para me ensinar algo valioso, para me preparar para situações novas que estão por vir. E que a alegria só foi dar uma volta no quarteirão; em breve voltará.

Estamos num momento cultural em que qualquer tristeza é considerada um distúrbio a ser combatido a qualquer custo, com distrações, remédios ou uma atitude exageradamente positiva. Perdemos o direito de experimentar a tristeza, mesmo quando ela tem uma causa clara e recente. Casais que se separam, indivíduos que se descobrem doentes ou pessoas que passam por dificuldades são desautorizados a chorar e sofrer por causa de um discurso tóxico de que "é preciso pensar positivo" o tempo todo.

Obrigar-se a estar sempre positivo, bem-humorado, otimista e entusiasmado é o contrário de praticar a autocompaixão e a vulnerabilidade! Autocompaixão envolve respeitar a condição presente e o valor de toda uma gama de experiências; tem a ver com se cuidar, cultivar o amor-próprio. Vulnerabilidade é a disponibilidade de encarar situações difíceis, não como forma de se mostrar forte ou de se torturar, mas porque isso é absolutamente necessário para viver uma conexão verdadeira e a autenticidade. É preciso autorizar-se a sentir e a ouvir o que o coração está sussurrando, mesmo quando for triste.

Muitas vezes ficamos tristes sem saber por quê. Não há uma causa para abraçar, uma dor recente para ser sentida, um motivo claro para termos pensamentos tão distantes dos que já tivemos. Os ombros caem, os pensamentos sabotam os instantes felizes, o rosto pesa por acumular lágrimas e sentimentos sem nome. A alegria acaba se tornando um viajante de mochila nas costas, sem data para voltar.

Conhecer o motivo da tristeza não a torna menos opressiva ou dolorida, mas é útil saber de onde surgiu e como se instalou em nós. Porém, ficar triste quando a vida caminha de forma normal é mergulhar num abismo sem saber a profundidade do mar. Chorar sem saber o porquê é desesperador! A gente se martiriza por não compreender o que está sentindo, nos culpamos quando nos comparamos com pessoas que continuam felizes apesar de terem infortúnios maiores que os nossos e nos questionamos sobre em que momento a nossa mente perdeu o caminho para o sorriso.

Nossas tristezas podem não ter uma origem clara ou única. São essas tristezas enigmáticas que mais precisam ser ouvidas, e não julgadas. De novo, não é hora de fazer comparações covardes para se autoflagelar. Comparar dores não é um exercício que leva a algum lugar interessante ou eficiente. Só saímos dele sentindo mais culpa ou sofrimento pela quantidade aparentemente infinita de tristeza no mundo.

O que de fato pode ser útil é buscar ajuda se você sentir que não dá conta da sua tristeza sozinho. E isso tem a ver, mais uma vez, com a tal da vulnerabilidade. Talvez você precise de ferramentas para lidar e conviver com a melancolia, seja ela passageira ou não. Ou talvez de uma psicoterapia, um espaço seguro e confortável para você ser ouvido e se ouvir, dar uma arejada nessas sensações pesadas há tanto tempo guardadas dentro do armário. Às vezes, é o caso de procurar um psiquiatra e tomar medicamentos para tratar a depressão.

Não sou médico nem psicólogo e minha intenção não é falar sobre a depressão, um distúrbio real que acomete milhões de pessoas. Mas acho importante enfatizar que a tristeza isoladamente não configura depressão. Às vezes a gente está triste e diz "estou deprimido," mas a depressão vai muito além da melancolia. Ela costuma envolver outros sentimentos, como desesperança, apatia, pessimismo, solidão, por exemplo.

Portanto, encare sua tristeza sem medo e, se precisar, busque ajuda. Não há vergonha nenhuma nisso; muito pelo contrário, trata-se de um ato de coragem.

O que você costuma fazer
quando se sente triste?

Circule tudo que o ajuda a afastar esse sentimento.

REDES SOCIAIS

CHORAR

COMER

JOGAR VIDEOGAME

SONHAR/FANTASIAR

SAIR DE CASA

OUVIR MÚSICA

BRIGAR COM ALGUÉM

ISOLAR-SE

BEBER

FALAR COM UM AMIGO

PLANEJAR VINGANÇA

ESCREVER

VER TV

E se, da próxima vez que se sentir triste, você se permitir acolher essa emoção, sem se distrair ou tentar substituí-la por outra?

O que sua tristeza poderia lhe ensinar?

P.S.:

Não se esqueça:
se a tristeza
deixar de ser uma
visita ocasional
para se tornar
uma hóspede
permanente,
talvez seja hora
de conversar com
um profissional
de saúde.

"AQUILO QUE PROVOCA A NOITE PODE NOS DEIXAR VER AS ESTRELAS."

Victor Hugo

17

[Resiliência]

Muitas vezes, deitado no sofá da sala com as janelas abertas para ouvir os carros passarem e não me sentir tão solitário, pensei que não conseguiria me recompor de alguns sofrimentos que vivi. Imaginei que seria difícil reconstituir os cacos de esperança que conservava comigo e voltar a sentir as coisas como antes. Quando estamos dentro de um redemoinho de tristeza, os olhos se escondem das verdades e nos transportam para um lugar onde só conseguimos ver as perdas e as dores que carregamos conosco.

Mas, se olhamos insistentemente para o lado negativo, como vamos ter tempo e carinho para observar os ganhos, as belezas, os aprendizados? Somos humanos, por isso caímos e choramos, mas continuamos caminhando, mesmo com os pés doendo; dizemos adeus, mas acreditamos que não era o fim; embora descrentes, ainda esperamos um novo recomeço.

Somos um carro a toda velocidade, querendo fugir do mundo, mas com a esperança de ver um beija-flor pelo retrovisor.

Recentemente, ouvi falar de uma técnica japonesa chamada *kintsugi* ou *kintsukuroi*, que é a arte de consertar cerâmica quebrada com ouro. O metal é usado para "colar" as peças quebradas, resultando numa cerâmica entremeada de dourado, mais preciosa e singular do que a versão original. Achei essa prática uma linda metáfora sobre a resiliência; sobre como podemos nos recompor após uma perda, decepção ou tragédia. Outra metáfora para a resiliência é o bambu. O bambu é uma planta nativa do Oriente que tem altura de árvore, mas, em vez de ser sólida e robusta, é flexível. Isso confere ao bambu força e resistência incríveis, suportando vento, calor, neve e muito mais.

Essas duas imagens podem ser bons pontos de partida para entender melhor o que é a resiliência e como desenvolvê-la. O *kintsugi* revela que podemos consertar aquilo que quebrou com algo precioso e belo como o ouro. Trazendo para o mundo real, o ouro representa o que fazemos com as peças quebradas – ou seja, qual é o sentido que damos ao trauma que vivemos. Que história montamos sobre essa difícil experiência. Esse

sentido é o ouro, que dá mais valor e mais luz àquela pessoa que conseguiu se reerguer e se reconstruir. Essa metáfora é perfeita para pensar no que acontece depois que passamos por algo que parece ter nos partido ao meio: um divisor de águas que marca a pessoa que éramos antes e depois do acontecimento.

Resiliência é sobre voltar a ser o que éramos, porém com novos aprendizados. É sobre aceitar a dor e mudar seu significado dentro de nós. Eu sei que olhar para dentro de si e deixar a autoestima florescer novamente não é fácil. Sei que é difícil ter a paciência que o tempo exige, pois ela nem sempre é proporcional às histórias que a nossa ansiedade de ser feliz nos conta. Ser resiliente e querer voltar a ser o que era não significa ficar sentado esperando o tempo curar todas as mágoas, e sim acreditar que o esforço para dar a volta por cima terá resultado.

Por outro lado, a metáfora do bambu fala sobre a capacidade de suportar adversidades sem se quebrar. Tem a ver com cultivar uma força interior que traz serenidade, flexibilidade e resistência. Mesmo em situações extremas, o bambu consegue crescer mais rápido do que muitas plantas e ainda servir para várias coisas, desde culinária a ferramentas e tecidos. Assim como o bambu, cujo trunfo está no seu centro oco, a nossa força está dentro de nós: na paz interior que vem da autocompaixão, da vulnerabilidade e da autenticidade. Seguros do nosso valor, sabemos que somos fortes e adaptáveis, que nada nos derrubará.

Embora pareçam contraditórias, as duas imagens se complementam. No dia a dia, podemos tentar ser como o bambu, fortes e flexíveis, autênticos e serenos. Mas, quando a tragédia parece nos quebrar, pensemos na arte japonesa de transformar essa triste história em preciosidade e beleza. São dois lados da mesma moeda da resiliência: a força para sobreviver e a força para renascer quando algo dentro de nós parece morrer.

Pense em algo na vida que tenha lhe causado sofrimento, frustração ou medo. Respire fundo, pegue papel e lápis e escreva sobre o episódio, colocando para fora todos os seus sentimentos.

Terminou? Agora respire fundo de novo e releia o que escreveu. Circule abaixo tudo que você aprendeu ou ainda pode experimentar a partir daquele episódio:

PERDÃO

GARRA

PACIÊNCIA

ESPERANÇA

AUTOCOMPAIXÃO

PERSEVERANÇA

ENTREGA

HUMILDADE

CONFIANÇA

APRENDIZADO

ACEITAÇÃO

PAZ INTERIOR

FÉ

SUPERAÇÃO

OTIMISMO

CLAREZA

FORÇA INTERIOR

(Volte a este exercício sempre que precisar extrair algo bom de uma experiência difícil.)

"VOCÊ PODE ME FUZILAR
COM SUAS PALAVRAS
E ME RETALHAR COM
SEU OLHAR;
PODE ME MATAR COM
SEU ÓDIO.
AINDA ASSIM, COMO
AR, VOU ME LEVANTAR."

Maya Angelou

18

[Coragem]

Quantas vezes fui extremamente corajoso durante a madrugada, planejando palavras e ensaiando diálogos, aguardando o amanhecer para colocá-los para fora. Mas de que adianta dormir com toda a coragem do mundo, se acordamos com aquele eterno medo do amanhã? De que vale planejar palavras lindas, escritas pelo coração, se nos calamos diante de fantasmas imaginários?

Coragem é tapar os ouvidos quando o medo usa seu canto para nos persuadir a não fazer nada. A coragem tem muito de pequenos atos cotidianos e pouco de grandes gestos. Não é sobre um salto de paraquedas, mas sobre um "oi" dito assim, do nada, para alguém que despertou seu interesse no terminal do aeroporto. Não é sobre uma viagem distante para uma cultura que não sabe o significado da palavra "saudade", mas sobre fazer uma ligação difícil que precisava ser feita, mesmo com a voz embargada.

Não é sobre não ter medo, é sobre ir apesar do medo. Não é sobre o outro, é sempre sobre você.

Z

Nunca fui alguém reconhecido por ser corajoso. Poucos me observariam caminhar pelas ruas arborizadas do meu bairro e pensariam: "Nossa, esse cara parece ser muito corajoso!"

Acredita-se, equivocadamente, que esse adjetivo cabe somente ao herói dos filmes de ação, ao mochileiro aventureiro e ao praticante de esportes radicais. As pessoas pensam que ser corajoso significa ser destemido, que coragem é ausência de medo. Só que essas imagens de bravura não pintam o quadro completo, pois ignoram as pequenas provas de coragem que pessoas comuns dão no dia a dia. São atos que talvez não fizessem sucesso nas bilheterias dos cinemas, mas que se aproximam muito mais da origem da palavra.

Do latim, "coragem" significa, literalmente, agir com o coração. Segundo essa definição, corajoso é quem ousa viver de acordo com sua própria verdade, que escuta seu desejo antes de agir, apesar das vozes de dúvida e medo que aparecem na madrugada. É um sussurro que diz "Preciso fazer isso", a direção para a qual o coração aponta, o chamado para perseguir uma sensação ainda sem nome. São essas pequenas coisas que norteiam o corajoso. E quando a cabeça diz "Ah, isso é muito complicado", "Será que vai dar certo?" e "Você não é capaz", a coragem responde: "Pode ser, mas vou tentar mesmo assim."

Não há garantias. Mas o corajoso, mais obstinado do que otimista, insiste em ser ouvido e em sair da zona de conforto. E, como já sabemos, é ali que acontece a magia.

Confesso que precisei aprender a ser corajoso. Ou fingir a mim mesmo que o sou, o que em muitos casos já é suficiente. A sensação de não poder sequer tentar realizar coisas que pulsavam dentro de mim sempre me sufocou. Muitas vezes corri o risco de passar vergonha (e, sim, me arrependi de ter falado demais ou agido com o coração) e de chorar pela falta de reciprocidade. Mas era isso ou deitar a cabeça no travesseiro sem saber se eu teria conseguido o que o coração desejava. Escolhi não ser refém das infinitas possibilidades que a minha imaginação – extremamente fértil, diga-se de passagem – criava; melhor me arrepender do que fiz do que me arrepender de não ter sequer tentado.

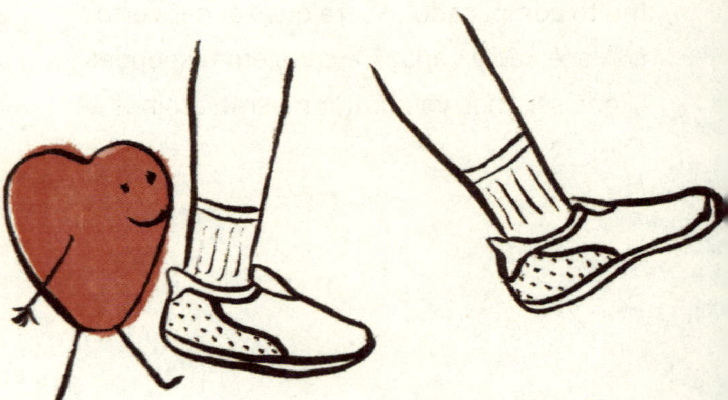

Acredito que, para começar essa jornada de busca pela coragem, o principal é saber escutar os sussurros do coração. Desembaralhar o que é falso, o que está ali infiltrado, o que é medo e o que é real e autêntico. Encontrar, no meio de tantas emoções, pensamentos e crenças misturados aos nossos desejos, sonhos e valores mais íntimos. Trata-se de uma tarefa exaustiva, coisa de uma vida inteira, mas é imprescindível para quem quer ser verdadeiramente feliz e realizado.

Depois, pergunte-se se o seu coração está caminhando na mesma direção que seus pés. Muitas vezes insistimos em correr na direção contrária às nossas verdadeiras vontades, por julgamos que é a razão que precisa definir o nosso rumo. Temos que ser pragmáticos, temos contas a pagar. Só que, embora nos apeguemos a essa ideia, sabemos que um dia será necessário dar ouvidos àquela voz. O coração nunca erra o caminho. E se por acaso você achar que ele errou, antes de declarar isso como uma verdade, questione-se: foi o coração que tomou a decisão errada ou foi você que não suportou a decisão tomada?

Avalie como está a sua coragem – isto é, a sua habilidade de agir com o coração – em cada uma destas esferas:

Com sua família:

Pouco corajoso Muito corajoso

Com seu(sua) parceiro(a) ou interesse amoroso:

Pouco corajoso Muito corajoso

Com seus amigos:

Pouco corajoso Muito corajoso

Na sua carreira:

Pouco corajoso Muito corajoso

Com você mesmo:

Pouco corajoso Muito corajoso

O que você pode fazer em cada área para ser mais fiel ao que está em seu coração?

"A CORAGEM CONDUZ
ÀS ESTRELAS;
O MEDO, À MORTE."

Sêneca

19

[Propósito]

De confuso tenho o coração inteiro. Com algumas pistas, mas sempre cheio de dúvidas, nunca soube o que queria “fazer da minha vida”. Qual seria o meu propósito? É uma pergunta muito pequena para respostas tão grandes: amor, paz, carinho, o mundo, um beijo. Essas coisas. Será que é querer demais?

Dei muitas voltas, procurei saídas para suprir necessidades que disseram que deviam ser as minhas. De tanto correr por propósitos adquiridos de outras bocas, de tantos becos sem saída, cansei. E no silêncio e no escuro, seguindo o vento, resolvi caminhar em direção ao que me faz feliz quando ninguém está vendo.

A vida não pode ser vivida com a felicidade alçada ao futuro; ela precisa estar presente hoje, agora. E, quando amo o que faço, o caminho escuro se ilumina. E, mesmo que a bruma ainda esteja pendente, já vislumbro o meu propósito.

Existem muitas coisas magníficas nesta vida, mas poucas são tão mágicas e realizadoras como definir o seu propósito. Quando descobrimos o que nos faz acordar com mais ânimo, nos aventurar e ter esperança, mesmo quando os dias estão nublados e frios, a vida distribui doses diárias de sentido.

Mas, para pessoas muito ansiosas ou com muitos interesses (como eu), essa pode ser uma tarefa difícil, para não dizer impossível. Para facilitar, sugiro descartar alguns mitos sobre o propósito. O maior deles é que cada pessoa tem um único propósito e que sinos tocarão quando ela o encontrar. Nesse sentido, o propósito parece ser a "alma gêmea" do século XXI. E, assim como a ideia da alma gêmea, essa imagem de um propósito especial, escondido em algum lugar, pronto para ser encontrado, me parece meio simplista para nossa realidade. Assim como podemos esperar que a vida nos proporcione mais de um grande amor, é possível ter diferentes propósitos ao longo da vida.

Outra ideia que não nos ajuda nessa busca é imaginar que o propósito é algo grandioso e monumental, reluzente e esplêndido como um tesouro perdido. Estou me referindo a objetivos como "encontrar a cura para o câncer", "ser o maior empreendedor do Brasil", "salvar a Floresta Amazônica" ou "viver até os 100 anos".

Lembrei-me do filme *Indiana Jones e a última cruzada*, sobre a busca do Santo Graal. Sabe a cena em que o protagonista finalmente chega à câmara secreta e precisa escolher o cálice que poderá salvar o seu pai? O objeto sagrado não é o mais bonito nem o maior, tampouco o mais precioso. É um simples cálice de cerâmica. Seguindo a mesma lógica, talvez o nosso propósito seja algo mais parecido com "construir uma família feliz", "praticar a bondade" ou "fazer meu trabalho com a maior qualidade possível".

Mas, afinal, se o propósito não é algo único, se não necessariamente escutaremos sinos tocando e se não é grandioso, como pensar nele de forma prática? Isto é, o que podemos fazer para identificá-lo e nos guiarmos para uma vida mais significativa e gratificante?

Dois conceitos parecem ser bons guias para quem busca uma vida com propósito. O primeiro é o entusiasmo. Essa palavra de origem grega era usada para descrever uma pessoa em êxtase, alguém que estava "em deus" (da raiz *theos*, ou "deus"), isto é, que estava num estado alterado, mais elevado do que o normal. Quando estamos entusiasmados, nossa energia muda. Somos capazes de fazer mais, ir mais longe, aguentar mais dificuldades, superar mais obstáculos. É como tomar uma poção mágica.

O segundo conceito, mais contemporâneo, é a ideia de *flow*, ou fluxo, criada pelo psicólogo húngaro Mihaly Csikszentmihalyi: o estado

de foco total, imersão e envolvimento numa tarefa em que somos agentes ativos, e não meros espectadores. Eu fico assim quando escrevo, mas tem gente que experimenta essa sensação cozinhando, praticando um esporte, brincando com crianças, dando aula, tocando um instrumento, etc. Para mim, acontece quando estou aberto e disposto a dar o melhor de mim. Mesmo que isso exija uma dedicação inicial, em algum momento do processo parece que o Universo começa a fazer sua parte, e o que antes parecia demandar um esforço enorme passa a fluir livremente, sem atrito. É como se eu ganhasse uma energia sobrenatural.

Tanto entusiasmo quanto *flow* têm a ver com energia. Nós nos tornamos um condutor, um fio potente numa rede formada por pessoas e sistemas inteiros, com propósitos e dimensões maiores. Por isso, embora a busca tenha um elemento individual e autocentrado – "Qual é o meu propósito?" –, ele é revelado em rede, através de ações e conexões. A energia está sempre fluindo, e nós somos "só" o fio por onde ela corre. Talvez o propósito seja a maneira como escolhemos nos posicionar nessa rede para possibilitar mais energia, mais conexão, mais transformação.

Escreva três coisas que você faz com tanto entusiasmo que nem sente o tempo passar.

1.

2.

3.

Escreva três coisas que você faz tão bem que sempre lhe pedem para fazê-las.

1.

2.

3.

Escreva três coisas que você acha
que estão faltando no mundo.

1.

2.

3.

Não sei se isso vai revelar o seu propósito, mas seguir seu coração e seu talento e fazer a sua parte para um mundo melhor me parece uma boa receita para encontrá-lo.

"SEU PROPÓSITO NA VIDA É ENCONTRAR UM PROPÓSITO E DEDICAR A ELE TODO O SEU CORAÇÃO E TODA A SUA ALMA."

Buda

20

[Sucesso]

Sucesso é ter uma casa com piscina e boias coloridas ou a liberdade de se mudar quando e para onde quiser? É juntar dinheiro para os herdeiros viverem por anos sem se preocupar com o preço do iogurte ou para gastar naquela viagem de volta ao mundo com que sempre sonhou? É um emprego bem pago que nos surrupia todas as horas do dia ou um trabalho em que ganhamos menos, mas que nos possibilita reservar tempo para outras vivências?

Na verdade, não importa se os dedos vão contar dinheiro ou apertos de mão, se os sonhos serão de estabilidade ou de aventuras. O importante é que os olhos brilhem. E que esse brilho esteja nos nossos olhos, não nos olhos daqueles que carregam expectativas sobre nós.

Talvez você não precise ter um estoque de sorvete para o ano inteiro. Às vezes, uma simples casquinha num lindo dia de verão, mesmo que termine rapidamente, é o bastante.

Para os que tanto diziam me desejar sucesso, eu nunca fui bem-sucedido. Demorei para aceitar que o significado do sucesso para mim e para algumas pessoas que diziam me amar era diferente. Para elas, sucesso estava relacionado a dinheiro, fama e status. Para obter reconhecimento financeiro e respeito de pessoas poderosas, elas me aconselhavam a estudar direito ou medicina ou a seguir carreira nas grandes corporações, enquanto eu estava mais preocupado em escrever as minhas ideias e paixões nas páginas do meu caderno. Talvez, para essas pessoas, eu nunca seja bem-sucedido. Mas, provavelmente, se você está lendo este livro, isso significa que eu obtive sucesso no que me propus fazer.

A verdade é que não existe uma definição padrão para o sucesso. A medida só pode ser pessoal, porque o propósito, os objetivos e os valores são únicos e intransferíveis. Não vamos negar que há uma forte influência cultural na nossa maneira de pensar sobre ele. Na verdade, tempo, local e cultura forjam o nosso conceito de sucesso, mesmo que depois tenhamos que descontruir esse ideal. Por exemplo, no passado, toda família católica sonhava em ter um filho padre; essa honra era sinônimo de sucesso. Hoje em dia, isso é raro. Por outro lado, na Idade Média, trabalhar com dinheiro era considerado sujo e imoral, tanto que essa atividade era relegada às pessoas nas margens da sociedade. Hoje, trabalhar no mercado financeiro é motivo de orgulho e admiração.

O que quero dizer aqui é que o ideal de sucesso não é fixo e, por isso, não pode ter "tamanho único". Especialmente no século XXI. Há tantos estilos de vida, profissões e parâmetros de sucesso que não faz mais sentido se limitar a uma definição rígida e ultrapassada. Você sabe de qual eu estou falando: aquela noção clássica em que sucesso é sinônimo de dinheiro e posição social.

Parece coisa do passado (e é!), mas eu conheço gente que se mata para conseguir completar a lista do sucesso clássico (emprego, dinheiro, apartamento, casamento, filhos, viagem à Disney) e ainda acrescentar mais itens a ela (corpo sarado, alimentação orgânica, popularidade nas redes sociais, etc.).

Com tantas exigências, será que sobram tempo e energia para pequenos prazeres, leveza, conexões, ações altruístas, para sentir o sol na pele, ler um romance, ficar entediado, explorar novos lugares? Será que a busca pelo sucesso tradicional deixa brecha para a felicidade?

Não sei como você define o sucesso, mas eu preciso ter espaço para a leveza, para ser quem sou de verdade. Eu, Fred, não desejo o estilo de vida de um executivo do mercado financeiro ou de um cirurgião cardíaco. Admiro e respeito quem opta por essas profissões, assim como admiro e respeito quem quer ser chef, guia de turismo, pai em tempo integral e todas as outras escolhas que uma pessoa pode fazer para realizar seu propósito.

Mas, apesar da individualidade do propósito e do destino de cada um, acho que podemos encontrar algumas tendências universais para se alcançar o sucesso. Uma delas é o comprometimento. Não acredito que seja possível ser bem-sucedido em algo sem dedicação, esforço e tempo. Mesmo quando há um dom ou uma força motriz por trás (o tal do entusiasmo), o sucesso tem suas demandas. Acho importante conhecer essas exigências e se questionar: estou disposto a bancar o esforço necessário para isso?

Outra tendência que não pode ser menosprezada é a ética. Não existe sucesso verdadeiro sem ela. Mais cedo ou mais tarde, o errado vem à tona, desfazendo tanto o sucesso quanto a honra e até mesmo o futuro da pessoa. E aqui me refiro a tudo, desde mentiras ou exageros a trabalhos malfeitos, corrupção e roubo. Por isso, não compensa cortar caminho, encontrar uma brecha ou pagar pelo sucesso com a ética. Então necessitamos ser corretos e verdadeiros, evitar prejudicar os outros e correr atrás do êxito com integridade e esforço.

Um bom ponto de partida seria descartar definições padrão e descobrir o que é o sucesso para você.

Sublinhe na lista abaixo as três esferas da vida mais importantes para você.

TRABALHO

FAMÍLIA

DINHEIRO

RELAÇÃO AMOROSA

SAÚDE E BEM-ESTAR

AMIZADES

BELEZA E ESTILO

ESPIRITUALIDADE

AUTOCONHECIMENTO

ENGAJAMENTO SOCIAL

FAMA/STATUS

ARTES E LAZER

Agora preencha a tabela abaixo com base nas três esferas escolhidas.

ESFERAS DE VIDA	O QUE VOCÊ JÁ ESTÁ FAZENDO PARA ALCANÇAR SEUS OBJETIVOS NESSA ESFERA.	O QUE VOCÊ AINDA PODERIA FAZER PARA SE APROXIMAR DOS SEUS OBJETIVOS.

"O SUCESSO NÃO É A CHAVE
PARA A FELICIDADE.
A FELICIDADE É A CHAVE
PARA O SUCESSO.
SE VOCÊ AMA O QUE FAZ,
VOCÊ SERÁ BEM-SUCEDIDO."

Albert Schweitzer

21

[Felicidade]

Um ipê florido, um sorriso espontâneo, uma gota de suor no corpo de quem amamos, um abraço demorado, um imprevisto digno de gargalhadas, uma mensagem pela qual ansiamos respondida em tempo recorde, uma primeira viagem de avião, um último dia no hospital.

A felicidade chega sem aviso, mas precisa de autorização para nos encontrar. Então, no momento em que ela aparecer, abra mão do controle. Não faça muitas perguntas, ela não aceita por quês. Ela pouco se importa com o nosso mundo terreno, se estamos no trabalho ou fazendo sexo, em um parque cheio de árvores ou a bordo de um avião; a felicidade quer apenas conduzir você aonde o coração esteja leve e os sorrisos sejam ilimitados. Portanto se deixe levar, ela saberá guiar você.

Deixe-a abandonar as razões e conduzir você para um local onde as sensações são sempre lindas novidades. Divirta-se e eternize os momentos que ela lhe proporcionar, aceitando o tempo em que ela se fez presente. Não peça que ela fique, pois a felicidade não responde bem a cobranças.

Felicidade não se busca nem se captura; basta reconhecê-la e deixá-la entrar.

Não vou falar sobre a Felicidade, aquela com F maiúsculo, tema de filósofos, psicólogos e autores de autoajuda; aquela que é como um arco-íris, que vislumbramos mas nunca tocamos; que é o destino para o qual temos que desenhar nosso próprio mapa, cientes de que talvez nunca chegaremos lá. Meu tema aqui é a felicidade com f minúsculo, que é concreta e cotidiana como uma xícara de café fresquinho, um cantinho de leitura, uma amizade sincera, uma conquista batalhada, um coração cheio de serenidade. A felicidade é um momento que decidimos perceber e aceitar como ele é; não podemos procurá-la, apenas percebê-la quando resolve nos visitar.

Por isso recomendo não criar expectativas muito altas. Se você achar que a felicidade está no último e caríssimo modelo de celular, no emprego dos sonhos ou no bilhete premiado, é capaz de não a reconhecer e de se negar a abrir a porta quando ela bater. Batalhe pelos seus sonhos, corra atrás de suas metas, mas não crie a ilusão de que vai encontrar neles a felicidade completa.

Em vez disso, procure deixar o coração aberto para as boas surpresas, para as experiências fugazes, que, somadas, tornam a nossa vida mais feliz. Afinal, essa felicidade com f minúsculo está na caminhada, e não no destino. Ela requer olhos abertos e atentos, mas não muito esforço. Ela gosta de dividir espaço com as outras emoções da vida. É amiga íntima da vulnerabilidade e da coragem, parceira da conexão, colega da autenticidade e vizinha da resiliência e da tristeza. Portanto, não espere que a felicidade exija de você uma relação exclusiva. A felicidade gosta de liberdade, de leveza.

Quando penso na felicidade, lembro-me daquela anedota sobre o homem que estava se afogando e esperava que Deus o salvasse. Em plena correnteza, surge uma boia, mas ele não estica a mão para alcançá-la porque acredita que Deus o salvará. Em seguida aparece um homem numa canoa lhe estendendo a mão. Mais uma vez, ele nega, pois acredita que Deus o salvará. Por fim, surge um helicóptero com uma equipe de resgate pronta para salvá-lo. E, de novo, ele recusa a ajuda, pois acredita que Deus o salvará. E então ele morre afogado.

Da mesma forma, a vida nos dá diversas oportunidades de experimentar a felicidade. Assim como a boia, temos as pequenas coisas da rotina, desde os simples rituais que praticamos sozinhos até as trocas com as pessoas presentes no nosso dia a dia. Assim como a canoa, temos as vivências menos comuns, as oportunidades de aceitar um convite para algo novo, de exercitar a coragem e de dizer sim para o acaso. Finalmente, como um resgate de helicóptero, há as experiências grandiosas, as situações extraordinárias e emocionantes, que trazem a felicidade com pompa e glória e ainda deixam de presente uma ótima história para contar e relembrar. (Lembrando que a boia tinha o mesmo poder de salvação – ou seja, de proporcionar felicidade – que o helicóptero.) Moral da história: não espere pela Felicidade dos contos de fadas. Talvez ela seja como o Deus da anedota, enviando-lhe cafés quentinhos, ipês floridos, sorrisos e pessoas boas com quem você pode se conectar, mas acaba não enxergando porque sua alta expectativa não lhe permite. Basta abrir os olhos e o coração.

Use este espaço para desenhar uma pequena felicidade em sua vida. Não se preocupe com a técnica; foque nas emoções que surgirem ao tentar reproduzir o seu objeto (ou momento) de felicidade.

"FELIZ QUEM NÃO EXIGE
DA VIDA MAIS
DO QUE ELA
ESPONTANEAMENTE
LHE DÁ,
GUIANDO-SE PELO
INSTINTO DOS GATOS,
QUE BUSCAM O SOL
QUANDO HÁ SOL".

Fernando Pessoa

[Despedida]

Espero que esta caminhada tenha sido para você um instante de vida feliz como foi para mim. Refletir sobre o que somos e sobre o que sentimos em relação a nós mesmos é um belíssimo processo de evolução. Todo encontro com quem realmente somos é especial demais para ser evitado, por mais doloroso que seja. Alguns se fecham para esses encontros, fogem de medo de se observarem desnudos. Não se feche por causa dos sofrimentos que podem surgir; abra os olhos para o que eles ensinam sobre o que é verdadeiro. E o que é verdadeiro nunca deve ser motivo de fuga. Desejo que você continue em busca daquilo que os olhos não veem, mas o coração sente.

E, para terminar, deixo uma crônica íntima e especial que reservei para o fim deste livro:

> Na insanidade de contradizer o que meu coração diz, corri desesperadamente para uma montanha onde costumo guardar meus mais íntimos sentimentos. Lá no alto, me encontrei com a solidão que há anos tanto me afasta das dores do meu profundo passado. Sentado, dialogando com o abismo e com olhos pensativos, avistei um lago belíssimo, cheio de gente. Nele havia pessoas felizes se amando em pleno sol da primavera. Era uma sensação ao mesmo tempo tocante e inacreditável perceber que podem existir águas mais tranquilas do que as minhas terras. Sempre acreditei que a paz terminava na solitária e sólida montanha no topo da qual estava sentado. As horas batiam de mergulho a mergulho e, nas águas em que sempre temi mergulhar, eles nadavam com uma rara alegria. Olhar a singeleza deles me fez acreditar que algumas montanhas também devem se mover para as águas.

Impressão e Acabamento | Gráfica Viena
Todo papel desta obra possui certificação FSC® do fabricante.
Produzido conforme melhores práticas de gestão ambiental (ISO 14001)
www.graficaviena.com.br